ビックリ!! 世《せ》界《かい》の小《しょう》学《がく》生《せい》

柳沢《やなぎさわ》有《ゆ》紀《き》夫《お》・著
海《かい》外《がい》書《か》き人《びと》クラブ・協力
田《た》伊《い》りょうき・絵

角川つばさ文庫

はじめに

冬《ふゆ》は寒《さむ》すぎるから
校庭《こうてい》で授業《じゅぎょう》します！

それってよけいに
寒《さむ》くない??

どうすんの――!?

トイレに
トイレットペーパーが
ない!!?

水《みず》の蛇口《じゃぐち》を
ひねると熱湯《ねっとう》が!!

キケンすぎる！

世界《せかい》の中《なか》には、
日本《にほん》で生活《せいかつ》しているわたしたちには
想像《そうぞう》もつかなくて**ビックリしてしまう**
常識《じょうしき》や習慣《しゅうかん》がたくさんある。

学校《がっこう》のこと、気候《きこう》のこと、ごはんのこと、
お休《やす》みの過《す》ごし方《かた》から
誕生日会《たんじょうびかい》のやり方《かた》まで！

世界各国《せかいかっこく》に住《す》んでいる
日本人《にほんじん》から寄《よ》せられた、
とっておきのビックリ現地情報《げんちじょうほう》を
大紹介《だいしょうかい》するよ！

もくじ

学校《がっこう》のこと

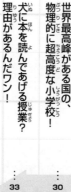

気候《きこう》のこと

給食《きゅうしょく》のこと

ファッション

世界《せかい》のごはん

世界《せかい》の生活《せいかつ》

世界《せかい》のイベント

学校《がっこう》のこと

アラブ首長国連邦《しゅちょうこくれんぽう》

体育館《たいいくかん》も「エアコン完備《かんび》」！　でも、超快適《ちょうかいてき》な校舎《こうしゃ》から一歩《ぽ》外《そと》に出《で》ると……？

中東《ちゅうとう》の国《くに》・アラブ首長国連邦《しゅちょうこくれんぽう》の小学校《しょうがっこう》では、教室《きょうしつ》だけでなく廊下《ろうか》や体育館《たいいくかん》にもエアコンが完備《かんび》されている。「うらやましい〜っ」という声《こえ》も聞《き》こえてきそうだが、エアコンなしでは生《い》きていけない事情《じじょう》がある。

実《じつ》はアラブ首長国連邦《しゅちょうこくれんぽう》はおそろしく暑《あつ》い国《くに》。いちばん暑《あつ》い6月《がつ》から8月《がつ》は平均最高気温《へいきんさいこうきおん》が45度《ど》を超《こ》える。気温《きおん》が45度《ど》もあるとどういうことが起《お》きるかというと、海水浴《かいすいよく》ができなくなる。海水《かいすい》が熱《あつ》すぎて危険《きけん》だし、ビーチサンダルの底《そこ》が熱《ねつ》で溶《と》けて、アスファルトにくっついてしまうんだ。車《くるま》の中《なか》に忘《わす》れてしまったジュース入《い》りのペットボトルが爆発《ばくはつ》したりもする。日光《にっこう》が強《つよ》すぎて危険《きけん》だから、子《こ》どももサングラスをかけるよ。

そして平均最低気温《へいきんさいていきおん》だって31度《ど》もある。書《か》き間違《まちが》いじゃなくて、本当《ほんとう》に平均《へいきん》「最低《さいてい》」気《き》温《おん》が31度《ど》なのだ。

日本《にほん》と比《くら》べてみると、東京《とうきょう》では35度《ど》を超《こ》える「猛暑日《もうしょび》」は年《ねん》に多《おお》くても10日程度《かていど》、30度《ど》を超《こ》える「真夏日《まなつび》」は年《ねん》に50日《にち》くらいだ。最低気温《さいていきおん》はというと、一晩中《ひとばんじゅう》25度《ど》を下回《したまわ》らない「熱帯夜《ねったいや》」は年《ねん》に20〜40日《にち》くらい。そして一晩中《ひとばんじゅう》30度《ど》を下回《したまわ》らない「超熱帯夜《ちょうねったいや》」は、日本《にっぽん》全国《ぜんこく》で見《み》ても「観測史上何度《かんそくしじょうなんど》か記録《きろく》したことがある」という程度《ていど》だ。

アラブ首長国連邦《しゅちょうこくれんぽう》がどれだけ暑《あつ》いか、比《くら》べてみるとよくわかるよね。


さてアラブ首長国連邦《しゅちょうこくれんぽう》に話《はなし》をもどそう。6月《がつ》から8月《がつ》の平均最高気温《へいきんさいこうきおん》が45度《ど》を超《こ》えていて、そして平均最低気温《へいきんさいていきおん》も31度《ど》あるということは、日本《にっぽん》の言葉《ことば》で言《い》うと、「3か月間《げっかん》、ほぼぶっ通《とお》しで猛暑日《もうしょび》。そしてその期間《きかん》の夜《よる》は、超熱帯夜《ちょうねったいや》になる日《ひ》のほうが多《おお》い」という感《かん》じになる。

こんなに暑《あつ》いと、みんなで学校《がっこう》に集《あつ》まって勉強《べんきょう》するどころじゃない。だから夏休《なつやす》みは、だいたい6月初《がつはじ》めから8月末《がつまつ》まで、まるまる3か月間《げっかん》もある！（ちなみに、冬休《ふゆやす》みは3週間《しゅうかん》ある）

「暑《あつ》い時期《じき》に長《なが》い夏休《なつやす》みがあるなら、小学校《しょうがっこう》にエアコンはいらないんじゃない？」と思《おも》う人《ひと》もいるかもしれない。でも、暑《あつ》いのは6月《がつ》から8月《がつ》だけじゃなくて、その前後《ぜんご》もかなり暑《あつ》い。

3月《がつ》の平均最高気温《へいきんさいこうきおん》が32度《ど》で、最低《さいてい》が20度《ど》。4月《がつ》になったら最高《さいこう》が38度《ど》で、最低《さいてい》が22度《ど》。5月《がつ》には42度《ど》と26度《ど》に達《たっ》する。つまり4月《がつ》と5月《がつ》もほぼ毎日猛暑日《まいにちもうしょび》だ。

夏休《なつやす》みが終《お》わった後《あと》の9月《がつ》は平均最高気温《へいきんさいこうきおん》が42度《ど》で、最低《さいてい》が29度《ど》。10月《がつ》だって38度《ど》と25度《ど》。11月《がつ》でようやく32度《ど》と20度《ど》まで下《さ》がる。

つまり6月《がつ》から8月《がつ》だけが暑《あつ》いんじゃなくて、その前《まえ》の3か月《げつ》も、後《あと》の3か月《げつ》も、日本《にっぽん》の真夏以上《まなついじょう》の暑《あつ》さなのだ。

校舎《こうしゃ》は涼《すず》しくて快適《かいてき》でも、一歩外《いっぽそと》に出《で》たら灼熱地獄《しゃくねつじごく》！　うらやましい設備《せつび》がある理由《りゆう》は、厳《きび》しい環境《かんきょう》があるからなんだ。

学校《がっこう》のこと

ネパール

寒《さむ》〜い冬《ふゆ》だからこそ、校庭《こうてい》で授業《じゅぎょう》するんです!?

世界《せかい》でいちばん高《たか》い山《やま》・エベレストがある国《くに》ネパールでは、校庭《こうてい》で授業《じゅぎょう》が行《おこな》われることがある。もちろん、校舎《こうしゃ》がないわけではない。真冬《まふゆ》は校舎《こうしゃ》にいると寒《さむ》すぎるので、校庭《こうてい》に出《で》て授業《じゅぎょう》を行《おこな》うのだ。

………ん？　何《なに》か間違《まちが》ってない？　「冬《ふゆ》は外《そと》に出《で》たら寒《さむ》いでしょ。教室《きょうしつ》のほうがずっとあったかいはず」と、誰《だれ》もが思《おも》うだろう。

でも、これで間違《まちが》っていないのだ。

標高《ひょうこう》と緯度《いど》は、気温《きおん》に大《おお》きく影響《えいきょう》する。

ネパールはヒマラヤ山脈《さんみゃく》のある国《くに》で、国中《くにじゅう》の標高《ひょうこう》がとても高《たか》い。標高《ひょうこう》が高《たか》いとどういうことが起《お》こるかというと、「気温《きおん》が低《ひく》くなる」んだ。

標高《ひょうこう》が100メートル高《たか》くなるごとに、気温《きおん》は0.6度《ど》低《ひく》くなる。たとえば、東京《とうきょう》スカイツリーは高《たか》さが634メートルあるから、てっぺんの気温《きおん》は地上《ちじょう》よりも3.8度《ど》低《ひく》くなる。

ネパールの小学校《しょうがっこう》は、だいたい標高《ひょうこう》1000～2000メートルのところにあるから、標高《ひょうこう》が0メートルのところよりも6度《ど》から12度《ど》も寒《さむ》い計算《けいさん》になる。

そして、緯度《いど》は低《ひく》ければ暑《あつ》くなり、高《たか》ければ寒《さむ》くなる。

ネパールの緯度《いど》は、北緯《ほくい》26度《ど》から30度《ど》あたり。日本《にっぽん》でいうとちょうど屋久島《やくしま》から沖縄本島《おきなわほんとう》ぐらいにあたる。


ネパールは亜熱帯性気候《あねったいせいきこう》で、1年《ねん》の季節《きせつ》は雨季《うき》（6月《がつ》～9月《がつ》）と乾季《かんき》（10月《がつ》～5月《がつ》）の2つに分《わ》かれている。1年《ねん》の半分以上《はんぶんいじょう》は半袖《はんそで》で過《す》ごせるくらい暖《あたた》かい。

いちばん寒《さむ》くなる12月《がつ》から2月《がつ》にかけても、最高気温《さいこうきおん》が15度《ど》まで上《あ》がることがある。だから、小学校《しょうがっこう》も寒《さむ》さ対策《たいさく》にほとんど力《ちから》を入《い》れていなくて、ストーブなどの暖房器具《だんぼうきぐ》がない。

でも、ネパールは朝《あさ》と昼《ひる》の気温差《きおんさ》がとても大《おお》きい国《くに》なんだ。最高気温《さいこうきおん》は15度《ど》まで上《あ》がって暖《あたた》かくても、最低気温《さいていきおん》が5度《ど》くらいまで下《さ》がるのだ！

しかも校舎《こうしゃ》の壁《かべ》は石《いし》でできていて、床《ゆか》はコンクリートの打《う》ちっぱなし。断熱材《だんねつざい》の入《はい》った壁《かべ》やリノリウムの床《ゆか》でできた日本《にっぽん》の教室《きょうしつ》よりももっとひんやりしていて、朝《あさ》も昼《ひる》も、とにかくず——っと寒《さむ》い。

一方《いっぽう》、校庭《こうてい》は陽《ひ》があたるから、教室《きょうしつ》よりもずっと暖《あたた》かい。

つまり晴《は》れて風《かぜ》のない冬《ふゆ》の日《ひ》は、冷《ひ》え切《き》った教室《きょうしつ》の中《なか》よりも、陽《ひ》の当《あ》たる校庭《こうてい》のほうがぽかぽかと暖《あたた》かく感《かん》じられる。だったら、校庭《こうてい》に椅子《いす》を持《も》ち出《だ》して外《そと》で授業《じゅぎょう》をしちゃおう！　というわけだ。

とはいえ広々《ひろびろ》とした青空《あおぞら》の下《した》にいると、なかなか勉強《べんきょう》に集中《しゅうちゅう》できない。本当《ほんとう》に寒《さむ》くて仕《し》方《かた》ない日《ひ》だけの特別授業《とくべつじゅぎょう》なんだ。

学校《がっこう》のこと

オーストリア

ぷかぷか浮《う》かぶ学校《がっこう》に通《かよ》ってます!!

みんなが通《かよ》っている学校《がっこう》は地面《じめん》の上《うえ》にある？　それとも、川《かわ》の上《うえ》？　なんでこんな質問《しつもん》をするかというと、ヨーロッパのオーストリアという国《くに》の首都《しゅと》ウィーンには、本当《ほんとう》に「水上《すいじょう》に浮《う》かぶ学校《がっこう》」があるのだ！

この学校《がっこう》、正式名称《せいしきめいしょう》を「ベルタ・フォン・シュットナー・ギムナジウム」という。オーストリアの有名《ゆうめい》な女性作家《じょせいさっか》の名前《なまえ》が由来《ゆらい》だ。でも、地元《じもと》の人《ひと》たちからは「シュール・シフ（船《ふね》の学校《がっこう》）」と呼《よ》ばれている。

1994年《ねん》に創立《そうりつ》されたウィーン市立《しりつ》の学校《がっこう》で、小学《しょうがく》5年生《ねんせい》から高校《こうこう》3年生《ねんせい》までが通《かよ》っている（オーストリアでは小学校《しょうがっこう》は4年生《ねんせい》までで、その後《ご》は中学校《ちゅうがっこう》に進学《しんがく》する）。

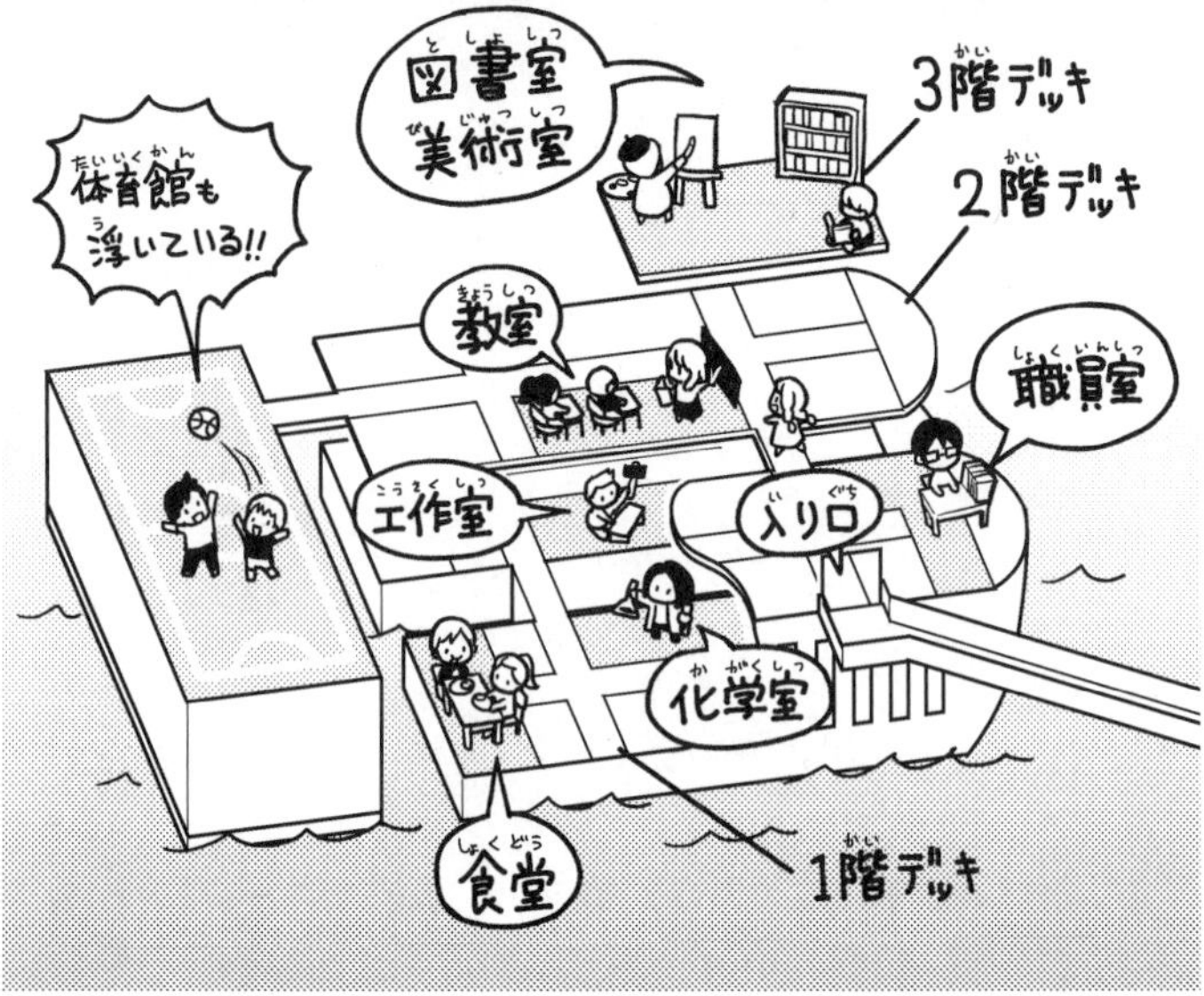

2隻《せき》の船《ふね》が並《なら》んで川《かわ》に浮《う》いていて、船同士《ふねどうし》が渡《わた》り廊下《ろうか》でつながっている。船首部分《せんしゅぶぶん》のみ3階建《かいだ》てで、そのほかの部分《ぶぶん》は2階建《かいだ》て。岸《きし》につながれた出入《でい》り口《ぐち》は2階部分《かいぶぶん》にある。

36ある教室《きょうしつ》はだいたい2階《かい》にある。理科実《りかじっ》験室《けんしつ》、音楽室《おんがくしつ》、図画工作室《ずがこうさくしつ》などの特別室《とくべつしつ》は1階《かい》で、どれも陸上《りくじょう》にある普通《ふつう》の学校《がっこう》と同《おな》じような大《おお》きさと設備《せつび》がある。体育館《たいいくかん》も川《かわ》に浮《う》いている。船尾《せんび》につながれた別館《べっかん》で、校舎《こうしゃ》の船《ふね》からは2階《かい》にある2か所《しょ》の通路《つうろ》で移動《いどう》することができる。この体育館《たいいくかん》も、広《ひろ》さ・高《たか》さは普《ふ》通《つう》の学校《がっこう》にあるものと変《か》わらない。

そもそも、なぜ船《ふね》を学校《がっこう》にしてしまったの

か？　きっかけは『造船所《ぞうせんじょ》を倒産《とうさん》の危機《きき》から救《すく》うため』だった。

コルノイブルグという、ウィーンから少《すこ》し離《はな》れた村《むら》にあったその造船所《ぞうせんじょ》は、急《きゅう》に注文《ちゅうもん》がなくなってしまって倒産寸前《とうさんすんぜん》に陥《おちい》った。もし会社《かいしゃ》が倒産《とうさん》してしまったら、たくさんの人《ひと》が仕事《しごと》を失《うしな》って困《こま》ってしまう。そうならないために、造船所《ぞうせんじょ》はウィーン市《し》に相談《そうだん》した。話《はなし》を聞《き》いたウィーン市《し》は、「学校《がっこう》として使《つか》う船《ふね》を造《つく》る」という前代未聞《ぜんだいみもん》の注文《ちゅうもん》をしたんだ。この注文《ちゅうもん》のおかげで、造船所《ぞうせんじょ》は危機《きき》を乗《の》り越《こ》えることができた。

船《ふね》を学校《がっこう》にするなんて今《いま》まで誰《だれ》も考《かんが》えなかったことだから、実際《じっさい》に学校《がっこう》が設立《せつりつ》されるまでには、ウィーン市《し》や教育省《きょういくしょう》、スポーツ協会《きょうかい》や建造物研究所《けんぞうぶつけんきゅうじょ》が集《あつ》まって、何度《なんど》も何度《なんど》も話《はな》し合《あ》いが行《おこな》われた。その結果誕生《けっかたんじょう》した船《ふね》の学校《がっこう》は、今《いま》ではウィーンの観光《かんこう》スポットにもなっている。

船《ふね》の学校《がっこう》では夏休《なつやす》み期間中《きかんちゅう》に、誰《だれ》でも参加《さんか》ができる「サマーキャンプ」が行《おこな》われている。サマーキャンプの内容《ないよう》は、「ドイツ語《ご》の勉強《べんきょう》」。「船《ふね》の学校《がっこう》」に通《かよ》ってみたいという人《ひと》はたくさんいて、とっても人気《にんき》があるんだ。

学校《がっこう》のこと

アメリカ合衆国《がっしゅうこく》

教科書《きょうかしょ》も時間割《じかんわり》もない？

アメリカには、いろんなタイプの小学校《しょうがっこう》がある。絵《え》や彫刻《ちょうこく》などの授業《じゅぎょう》に力《ちから》を入《い》れている小学校《しょうがっこう》や、授業《じゅぎょう》の半分《はんぶん》を外国語《がいこくご》でする小学校《しょうがっこう》もあるし、算数《さんすう》・理科《りか》・コンピューターなどの勉強《べんきょう》に力《ちから》を入《い》れている小学校《しょうがっこう》や、遠足《えんそく》・社会見学《しゃかいけんがく》などの校外学習《こうがいがくしゅう》が多《おお》い小学校《しょうがっこう》なんかもある。州《しゅう》によって教育制度《きょういくせいど》が違《ちが》うから、ひとくちには言《い》えないけれど、いろんなユニークな小学校《しょうがっこう》がある。

小学校《しょうがっこう》によって授業《じゅぎょう》の進《すす》め方《かた》が全然違《ぜんぜんちが》っていて、教科書《きょうかしょ》を使《つか》わない学校《がっこう》も多《おお》いんだ。

そういう学校《がっこう》はどうするのかというと、教科書《きょうかしょ》がないかわりに、授業《じゅぎょう》のたびに先生《せんせい》がプリントを配《くば》ったり、タブレットや動画《どうが》を使《つか》って勉強《べんきょう》を進《すす》めていく。授業《じゅぎょう》の内容《ないよう》が日《ひ》によって変《か》わったり、勉強《べんきょう》の進《すす》み具合《ぐあい》によって違《ちが》う授業《じゅぎょう》を受《う》けている子《こ》もいたりするよ。

授業時間《じゅぎょうじかん》は、ランチをはさんで午前《ごぜん》と午後《ごご》に2時間《じかん》ずつ。でも、国語《こくご》や算数《さんすう》などの、ひとコマごとに教科《きょうか》が決《き》められた時間割《じかんわり》がないんだ！　午前《ごぜん》と午後《ごご》の授業《じゅぎょう》の間《あいだ》には、「おやつの時間《じかん》」があるよ。

1クラスあたりの生徒《せいと》の人数《にんずう》はだいたい20人《にん》ぐらい。教室《きょうしつ》に机《つくえ》を並《なら》べて先生《せんせい》の話《はなし》を聞《き》くだけじゃなくて、カーペットの上《うえ》にみんなで輪《わ》になって座《すわ》って授業《じゅぎょう》をする「サークルタイム」という時間《じかん》もあるよ。

体育《たいいく》や音楽《おんがく》などの授業《じゅぎょう》はどうしているのかというと、ざっくりと「この日《ひ》は体育《たいいく》がある日《ひ》」「音楽《おんがく》のある日《ひ》」ということが決《き》まっているだけ。

体育《たいいく》は運動《うんどう》をする授業《じゅぎょう》というよりも、体《からだ》を動《うご》かして遊《あそ》ぶような時間《じかん》だから、靴《くつ》を履《は》き替《か》えたり、体操服《たいそうふく》に着替《きが》えることもない。「動《うご》きやすい服《ふく》」で登校《とうこう》すればＯＫ！　体育館《たいいくかん》がない学校《がっこう》もあるぐらいなんだ。

音楽《おんがく》の授業《じゅぎょう》は高学年《こうがくねん》ですることが多《おお》い。みんながそれぞれ好《す》きな楽器《がっき》を選《えら》んで、演奏《えんそう》の仕方《しかた》を学《まな》ぶよ。

掃除《そうじ》の時間《じかん》や学級委員《がっきゅういいん》、係《かかり》などの仕事《しごと》はなくて、授業《じゅぎょう》が終《お》わったらすぐに下校《げこう》になるんだ。

さらに、生徒《せいと》の個性《こせい》に合《あ》わせて、入学時期《にゅうがくじき》を遅《おそ》くしたり、飛《と》び級《きゅう》することもできる。

特《とく》に勉強《べんきょう》がよくできる子《こ》は、特別《とくべつ》なクラスに集《あつ》まって、みんなとは違《ちが》う授業《じゅぎょう》を受《う》けることもあるよ。

生徒《せいと》ひとりひとりに合《あ》わせて、全然違《ぜんぜんちが》う勉強《べんきょう》の仕方《しかた》を選《えら》べるんだ。

学校《がっこう》のこと

カンボジア&《アンド》ルーマニア

学校《がっこう》に行《い》くのは午前《ごぜん》か午後《ごご》のどっちかだけ！

日本《にっぽん》の場合《ばあい》、小学校《しょうがっこう》にいる時間《じかん》はだいたい7〜8時間《じかん》。
午前中《ごぜんちゅう》から夕方《ゆうがた》まで、1日《にち》のかなり長《なが》い時間《じかん》を学校《がっこう》で過《す》ごすことになる。でも、世界《せかい》の中《なか》には、「午前中《ごぜんちゅう》だけ、または午後《ごご》だけ学校《がっこう》に行《い》く国《くに》・地域《ちいき》」も結構《けっこう》ある。

そのひとつは、東南《とうなん》アジアにあるカンボジア。

「午前《ごぜん》の部《ぶ》と午後《ごご》の部《ぶ》に分《わ》かれている、2部制《ぶせい》の小学校《しょうがっこう》」が多《おお》い地方《ちほう》がある。

なぜそうなるのかというと、生徒数《せいとすう》に対《たい》して学校《がっこう》や教室《きょうしつ》や机《つくえ》、それに何《なに》よりも先生《せんせい》の数《かず》が足《た》りていないから。

みんながいっぺんに授業《じゅぎょう》を受《う》けられるようにするには、無理《むり》にぎゅうぎゅう詰《づ》めにして

1つの机《つくえ》を2人《ふたり》で使《つか》って、1クラス80人《にん》とか90人《にん》にするしかない。でもそれだと、狭《せま》くてたまらないし、先生《せんせい》の目《め》も行《い》き届《とど》かなくなる。だから、「授業《じゅぎょう》を午前《ごぜん》と午後《ごご》に分《わ》けて、クラスの人数《にんずう》を半分《はんぶん》にする」という解決策《かいけつさく》を実行《じっこう》しているんだ。「午前《ごぜん》の部《ぶ》」は朝《あさ》7時《じ》から始《はじ》まって昼《ひる》の11時《じ》に終《お》わる。「午後《ごご》の部《ぶ》」は午後《ごご》1時《じ》から始《はじ》まって夕方《ゆうがた》5時《じ》まで。学校《がっこう》にいるのは4時間《じかん》くらいだ。

2部制《ぶせい》だから、給食《きゅうしょく》や昼休《ひるやす》みの時間《じかん》がないにしても、登校《とうこう》から下校《げこう》まで7~8時間《じかん》かかる日本《にっぽん》よりも、学校《がっこう》にいる時間《じかん》はかなり短《みじか》い。

東《ひがし》ヨーロッパにあるルーマニアの学校《がっこう》も2部制《ぶせい》だ。でもカンボジアとはまたちょっと制《せい》度《ど》が違《ちが》う。

ルーマニアでは学年《がくねん》によって通《かよ》う時間《じかん》が変《か》わるんだ。

一般的《いっぱんてき》には、小学《しょうがく》1~3年生《ねんせい》の低学年《ていがくねん》は午前《ごぜん》8時《じ》~正午《しょうご》まで。

4~6年生《ねんせい》の高学年《こうがくねん》は授業時間《じゅぎょうじかん》が少《すこ》し延《の》びて午前《ごぜん》8時《じ》~午後《ごご》2時《じ》まで。

中学生《ちゅうがくせい》や高校生《こうこうせい》は、お昼《ひる》の12時《じ》から午後《ごご》2時《じ》の間《あいだ》に授業《じゅぎょう》が始《はじ》まり、5~6時間《じかん》の授業《じゅぎょう》を

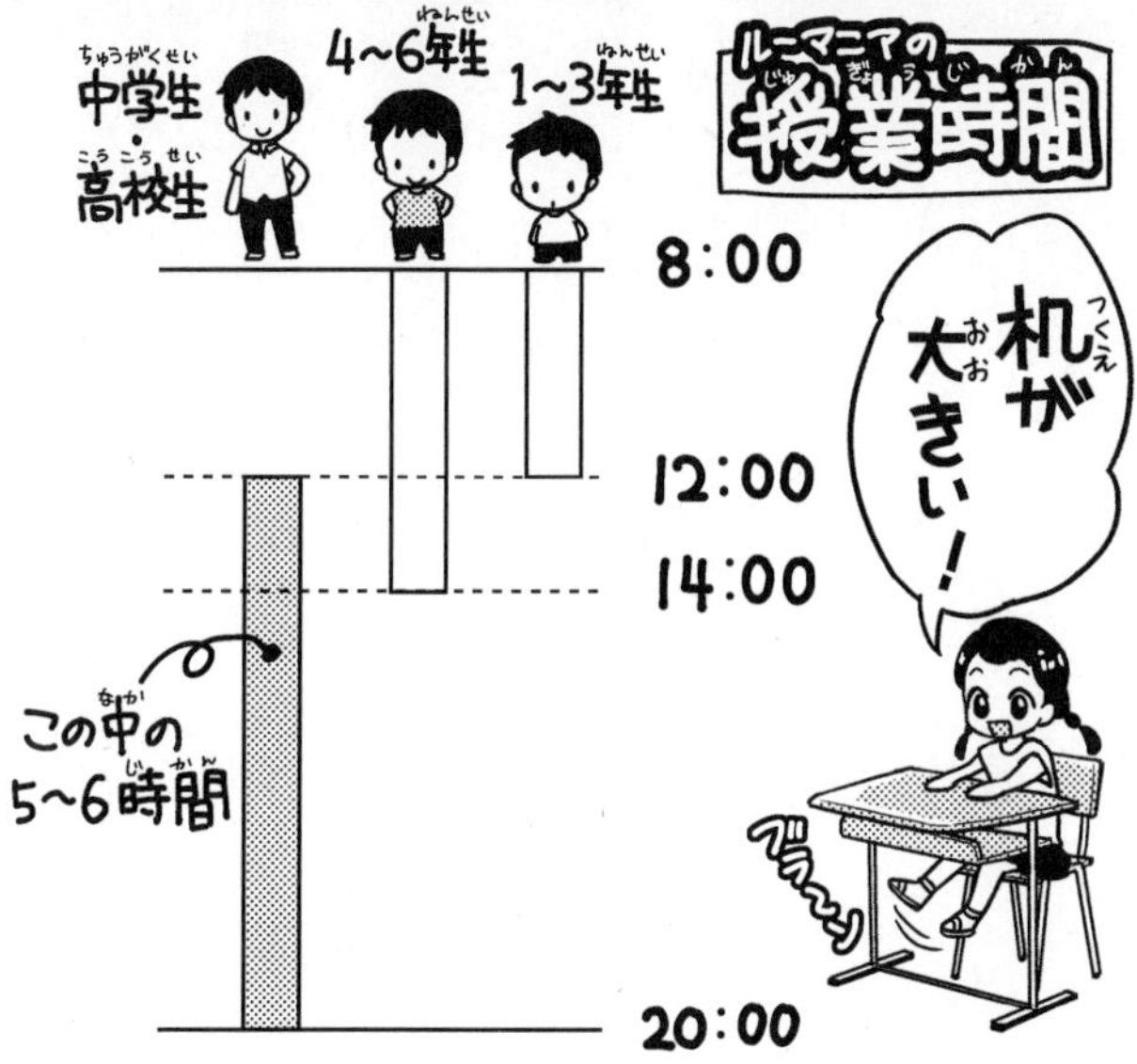

受《う》けて下校《げこう》する。

早《はや》めの時間《じかん》と遅《おそ》めの時間《じかん》で、小学生《しょうがくせい》と中高《ちゅうこう》生《せい》が入《い》れ替《か》わるんだ。

生徒目線《せいとめせん》で言《い》えば、小学《しょうがく》1年生《ねんせい》から高校《こうこう》を卒業《そつぎょう》するまでずっと同《おな》じ校舎《こうしゃ》に通《かよ》うのだけれど、登校《とうこう》や下校《げこう》の時間《じかん》がずれていくということになる。

ちなみに、校舎内《こうしゃない》の机《つくえ》や椅子《いす》はすべて高校《こうこう》生向《せいむ》けの大《おお》きさ。

トイレだって小学生《しょうがくせい》に合《あ》う高《たか》さのものは少《すく》なくて、大人向《おとなむ》けのつくりをしているものがほとんどだ。小学生《しょうがくせい》たちは使《つか》いづらくてイヤなんじゃないのかな？　と感《かん》じるかもしれないけれど、ルーマニアではこれが普通《ふつう》だから、気《き》にしている人《ひと》はほとんどいない。

職員室《しょくいんしつ》も日本《にっぽん》とはちょっと違《ちが》っていて、先生個人《せんせいこじん》の机《つくえ》があるわけではないんだ。

このほかに午前《ごぜん》か午後《ごご》だけ学校《がっこう》に通《かよ》う国《くに》は、アメリカ合衆国《がっしゅうこく》（学区《がっく》による）、グアテマラ、ブラジル、アルゼンチン、ペルーなどだ。

カンボジアでは先生《せんせい》や校舎《こうしゃ》が「足《た》りない」ことが2部制《ぶせい》になっている主《おも》な理由《りゆう》だけど、フィリピンでは生徒数《せいとすう》が「多《おお》すぎる」ことが理由《りゆう》で、首都《しゅと》マニラなどの人口密集地《じんこうみっしゅうち》のみ2部制《ぶせい》になっている。

同《おな》じ制度《せいど》でも、まったく逆《ぎゃく》の理由《りゆう》で採用《さいよう》されていることもあるんだね。

ルーマニア

うらやましい？
冬《ふゆ》は絶対《ぜったい》に短縮授業《たんしゅくじゅぎょう》！

東《ひがし》ヨーロッパの国《くに》・ルーマニアには、授業《じゅぎょう》が２部制《ぶせい》だということ以外《いがい》にも、日本《にっぽん》と違《ちが》うことがある。

授業時間《じゅぎょうじかん》が季節《きせつ》によって変《か》わるんだ。

春《はる》から秋《あき》までの間《あいだ》は１コマ50分授業《ぷんじゅぎょう》だけど、なんと冬季《とうき》だけは45分授業《ふんじゅぎょう》に短縮《たんしゅく》される。

全部《ぜんぶ》の授業《じゅぎょう》が５分《ふん》ずつ短《みじか》くなるのだ！

授業《じゅぎょう》が短《みじか》くなった分《ぶん》、休《やす》み時間《じかん》が増《ふ》えるぞ！　……と、喜《よろこ》んでしまいそうになるが、休《やす》み時間《じかん》が延《の》びるわけじゃない。それどころか、休《やす》み時間《じかん》も普段《ふだん》は10分《ぷん》のところが冬季《とうき》は５分《ふん》に短縮《たんしゅく》される。

つまり授業《じゅぎょう》も休《やす》み時間《じかん》も、すべて５分《ふん》ずつ短縮《たんしゅく》されるんだ。

なぜかというと、冬《ふゆ》は寒《さむ》くて、日《ひ》が短《みじか》いから。

ルーマニアは日本《にっぽん》の北海道《ほっかいどう》と同《おな》じ緯度《いど》に位置《いち》していて、とても寒《さむ》い国《くに》だ。

いちばん寒《さむ》い2月《がつ》には、最低気温《さいていきおん》がマイナス20度《ど》まで下《さ》がることもよくある。

そして緯度《いど》が高《たか》くなればなるほど、日《ひ》が短《みじか》くなる。明《あか》るくなるのは朝《あさ》8時《じ》で、暗《くら》くなるのは夕方《ゆうがた》の4時《じ》だ。

外《そと》は雪《ゆき》が降《ふ》り積《つ》もっているから、夜道《よみち》を歩《ある》くことは非常《ひじょう》に危険《きけん》。

だから、日《ひ》が落《お》ちて暗《くら》くなって、めちゃくちゃ寒《さむ》くなる前《まえ》に家《いえ》に帰《かえ》りつけるように、冬《ふゆ》は授業時間《じゅぎょうじかん》も休憩時間《きゅうけいじかん》も短縮《たんしゅく》して、学校《がっこう》が早《はや》く終《お》わるようにしているんだ。

短縮授業《たんしゅくじゅぎょう》は、安全《あんぜん》に学校《がっこう》に通《かよ》うために必要《ひつよう》なことなんだね。

学校《がっこう》のこと

インドネシア

学校《がっこう》は朝《あさ》7時《じ》スタート！超《ちょう》早《はや》起《お》きの国《くに》

東南《とうなん》アジアにあるインドネシアの小学校《しょうがっこう》は、朝《あさ》7時《じ》から始《はじ》まる。
いったいどうやったら、そんなに早《はや》くに起《お》きて学校《がっこう》に行《い》けるんだろう？

実《じつ》はインドネシアの人《ひと》たちは、大人《おとな》も子《こ》どもも、毎日《まいにち》だいたい朝《あさ》4時《じ》には起《お》きている。
インドネシアの人《ひと》たちがこれほどまでに早起《はやお》きの理由《りゆう》は、彼《かれ》らの多《おお》くが信《しん》じているイスラム教《きょう》と大《おお》きく関係《かんけい》している。イスラム教《きょう》では朝《あさ》まだ暗《くら》いうちに起《お》きて、お祈《いの》りをすることが決《き》められているんだ。

そんなふうにせっかく早起《はやお》きしているのだから、学校《がっこう》が始《はじ》まるのを8時半《じはん》にするのは時《じ》間《かん》のムダになるよね。

もうひとつの理由《りゆう》は渋滞回避《じゅうたいかいひ》だ。インドネシアの首都《しゅと》ジャカルタなどの大都市《だいとし》では、人口密度《じんこうみつど》がとても高《たか》いのに、電車《でんしゃ》の路線《ろせん》や本数《ほんすう》が少《すく》ない。バスで学校《がっこう》や会社《かいしゃ》に行《い》く人《ひと》が多《おお》いし、自動車《じどうしゃ》やバイクの数《かず》もどんどん増《ふ》えている。だからとにかく道《みち》がめちゃくちゃ混《こ》むんだ。

都市部《としぶ》にある会社《かいしゃ》の多《おお》くは8時《じ》か9時《じ》に始《はじ》まるから、もし学校《がっこう》も同《おな》じ時間《じかん》に始《はじ》まったら渋滞《じゅうたい》が余計《よけい》ひどくなる。というわけで、通学時間《つうがくじかん》が通勤時間《つうきんじかん》に重《かさ》ならないように、時間《じかん》をずらして、学校《がっこう》は7時《じ》から始《はじ》まるんだ。

イギリス

学《がっ》校《こう》行《い》かずに世《せ》界《かい》旅《りょ》行《こう》？ あえて行《い》かない「否《ひ》登《とう》校《こう》」

日本《にっぽん》の親《おや》には、小学《しょうがく》1年生《ねんせい》から中学《ちゅうがく》3年生《ねんせい》までのすべての子《こ》どもに、教育《きょういく》を受《う》けさせる義務《ぎむ》がある。たとえば「家《いえ》の仕事《しごと》を手伝《てつだ》ってもらうから」と学校《がっこう》に行《い》かせない親《おや》がいたら、罰《ばっ》せられるのだ。

この「義務教育《ぎむきょういく》」は、イギリスにもある。

でも、イギリスには「学校《がっこう》に行《い》かず家《いえ》で勉強《べんきょう》してもいい」という制度《せいど》がある。法律《ほうりつ》でも認《みと》められていて、「ホームスクーリング」と呼《よ》んでいる。日本語《にほんご》に訳《やく》すと「家《いえ》で学校《がっこう》に行《い》くこと」みたいな感《かん》じだ。

ホームスクーリングでの先生《せんせい》は、主《おも》にお父《とう》さんやお母《かあ》さん。ホームスクーリング用《よう》の学《がく》習教材《しゅうきょうざい》などを使《つか》って授業《じゅぎょう》を進《すす》めていく。

ほかにも、インターネットを使《つか》ったホームスクーリング用《よう》の学校《がっこう》で授業《じゅぎょう》を受《う》けることもできるんだ。

このホームスクーリング、もともとは学校《がっこう》が遠《とお》くて毎日通《まいにちかよ》うのが難《むずか》しい子《こ》や、親《おや》の仕事《しごと》の関係《かんけい》で年《ねん》に何度《なんど》も転校《てんこう》しなければならない子《こ》たちのために生《う》まれたもの。学校《がっこう》に行《い》けないから、仕方《しかた》がなく選《えら》ぶ勉強法《べんきょうほう》だった。

ところがこの数十年《すうじゅうねん》の間《あいだ》で、この「ホームスクーリング」という方法《ほうほう》を積極的《せっきょくてき》に選《えら》ぶ家庭《かてい》が増《ふ》えてきた。

たとえば、子《こ》どもが興味《きょうみ》のあることをとことん追求《ついきゅう》させたいから「ホームスクーリング」を選《えら》ぶという家庭《かてい》もある。バレエやアイススケートのレッスンを一日何時間《にちなんじかん》も受《う》けたい人《ひと》には便利《べんり》な制度《せいど》だ。

「家族《かぞく》で長期旅行《ちょうきりょこう》をしたいから」という理由《りゆう》でこの方法《ほうほう》を選《えら》ぶ人《ひと》もいる。

ホームスクーリングを選《えら》べば、「2年間《ねんかん》かけて家族《かぞく》で世界一周旅行《せかいいっしゅうりょこう》」や、「半年《はんとし》かけてキャンピングカーでヨーロッパ一周旅行《いっしゅうりょこう》」を楽《たの》しむこともできる。普段学校《ふだんがっこう》では味《あじ》わえないような経験《けいけん》を、旅先《たびさき》ですることができるんだ。そして旅行《りょこう》が終《お》わると、普通《ふつう》に学校《がっこう》にもどっていく。

実《じつ》はこのホームスクーリングはイギリスだけの制度《せいど》ではなく、アメリカ合衆国《がっしゅうこく》やルーマニア、オーストラリアなどでも行《おこな》われているよ。

データによってばらつきがあるけれど、アメリカの小中高生《しょうちゅうこうせい》のおよそ3パーセント、約《やく》170万人《まんにん》がホームスクーリングを利用《りよう》している。

ホームスクーリングは、子《こ》どもがいろんな可能性《かのうせい》を広《ひろ》げられる「学《まな》び方《かた》」のひとつなんだ。

ネパール

世界最高峰《せかいさいこうほう》がある国《くに》の、物理的《ぶつりてき》に超高度《ちょうこうど》な小学校《しょうがっこう》！

日本《にっぽん》でいちばん標高《ひょうこう》が高《たか》いところにある小学校《しょうがっこう》は、長野県南佐久郡《ながのけんみなみさくぐん》にある南牧南小学校《みなみまきみなみしょうがっこう》。標高《ひょうこう》は１３２７・５メートルだ。これは、２０１８年時点《ねんじてん》で世界一高《せかいいちたか》い電波塔《でんぱとう》・東京《とうきょう》スカイツリーを縦《たて》に２つ並《なら》べたぐらいの高《たか》さ。

これだって充分高《じゅうぶんたか》いけど、世界《せかい》には、もっと高《たか》いところに小学校《しょうがっこう》のある国《くに》がある。その高《たか》さはなんと標高《ひょうこう》３５００メートル！　スカイツリー５つ半《はん》を縦《たて》に並《なら》べた高《たか》さだ。スカイツリーどころか、富士山《ふじさん》のてっぺんよりも少《すこ》し（２００メートル）だけ低《ひく》いぐらい。どこの国《くに》かというと、ネパールという国《くに》だ。

ネパールは、「エベレスト」のある国《くに》。そう、世界《せかい》でいちばん高《たか》い山《やま》だ。標高《ひょうこう》は８８４８メートル（１９５５年《ねん》の測量結果《そくりょうけっか》）もある。

「エベレスト」っていうのは英語《えいご》の名前《なまえ》で、ネパール語《ご》では「サガルマータ」、中国《ちゅうごく》のチベット自治区《じちく》で話《はな》されているチベット語《ご》では「チョモランマ」と呼《よ》ばれている。

さて、このネパールには、標高《ひょうこう》2000〜3000メートル台《だい》のところにも村《むら》がある。でも、全部《ぜんぶ》の村《むら》に必《かなら》ず学校《がっこう》があるわけではない。

隣《となり》の村《むら》や、その隣《となり》の村《むら》まで毎日片道《まいにちかたみち》1時間《じかん》、場合《ばあい》によっては2時間《じかん》も坂道《さかみち》を登《のぼ》りおりして学校《がっこう》に通《かよ》う子《こ》どもがたくさんいる。そういう子《こ》どもたちは、外国人《がいこくじん》の観光客《かんこうきゃく》が登山靴《とざんぐつ》とストックという完璧《かんぺき》な装備《そうび》で必死《ひっし》に登《のぼ》っていく横《よこ》を、普通《ふつう》のスニーカーでひょいひょいと駆《か》けあがっていくんだ。

そんなすごいところに住《す》んでいるネパールの山村《さんそん》の子《こ》どもたちが、絶対《ぜったい》に体験《たいけん》できないことがある。それは「クラス替《が》え」。なぜなら1学年《がくねん》に20～30人《にん》しか生徒《せいと》がいないからだ。もちろんクラスは1つしかない。クラス替《が》えしたくてもできないのだ。だから小学《しょうがく》1年生《ねんせい》から高校卒業《こうこうそつぎょう》までの12年間《ねんかん》、クラスメートはずっと同《おな》じ顔《かお》ぶれ。中《なか》には1学年《がくねん》1クラスどころか、たった1人《ひとり》しか生徒《せいと》がいないというところもある。そういうクラスでは先生《せんせい》1人《ひとり》に生徒《せいと》が1人《ひとり》のマンツーマン授業《じゅぎょう》。まるで家庭教師《かていきょうし》だね。

イギリス

犬《いぬ》に本《ほん》を読《よ》んであげる授業《じゅぎょう》？理由《りゆう》があるんだワン！

犬《いぬ》を飼《か》っている人《ひと》でも、犬《いぬ》に本《ほん》を読《よ》んであげたことがある人《ひと》は、あんまりいないんじゃないだろうか。

イギリスには、犬《いぬ》に本《ほん》の読《よ》み聞《き》かせをするという勉強法《べんきょうほう》がある。といっても「天才犬《てんさいけん》を育《そだ》てよう」っていう実験《じっけん》ではない。犬《いぬ》ではなく人間《にんげん》が成長《せいちょう》するための授業《じゅぎょう》だ。

授業中《じゅぎょうちゅう》、みんなの前《まえ》で立《た》ち上《あ》がって音読《おんどく》するのは好《す》き？　得意《とくい》な人《ひと》もいるだろうけど、そうでない人《ひと》もいるだろう。

苦手《にがて》な人《ひと》にとっては、人前《ひとまえ》で音読《おんどく》するのはすごくストレスになる。「正《ただ》しく読《よ》めているか」とか、「間違《まちが》っちゃったらどうしよう」とか、「つっかえないよう

に読《よ》まなきゃ」とか、頭《あたま》の中《なか》は不安《ふあん》だらけで大緊張《だいきんちょう》！　とても本《ほん》を楽《たの》しめる気分《きぶん》になんてならない。

そこで考《かんが》え出《だ》されたのが、「犬《いぬ》に読《よ》み聞《き》かせをする」という練習方法《れんしゅうほうほう》だ。

犬《いぬ》は「あ、今《いま》のところ間違《まちが》えたな」とか「つっかえたな」とか思《おも》わない。クスッと笑《わら》ったり冷《ひ》やかしたりすることもない。じっと聞《き》き入《い》ってくれる。

クラスメートの前《まえ》で緊張《きんちょう》してしまう人《ひと》でも、ものすごくくつろいだ気持《きも》ちで音読《おんどく》できるはずだ。

実《じつ》はこれ、研究《けんきゅう》でも証明《しょうめい》されている。

人《ひと》に向《む》かって音読《おんどく》するときには、どんなに緊張《きんちょう》していないつもりでも血圧《けつあつ》が上《あ》がってしまう。でも、犬《いぬ》に向《む》かって音読《おんどく》するとき、血圧《けつあつ》はずっと安定《あんてい》している。これは、安心《あんしん》してリラックスしている証拠《しょうこ》だ。

だから、イギリスの公立小学校《こうりつしょうがっこう》では「犬《いぬ》に向《む》かって音読《おんどく》する授業《じゅぎょう》」を始《はじ》めた。参加《さんか》するのはクラス全員《ぜんいん》ではなくて、音読《おんどく》が苦手《にがて》な子《こ》どもたち。そしてもちろん犬《いぬ》たち！

この犬《いぬ》たちは、訓練《くんれん》をして、テストに合格《ごうかく》した特別《とくべつ》な「学校訪問犬《がっこうほうもんけん》」。週《しゅう》1回《かい》、学校《がっこう》へ

やってきて、ソファーやクッションの置《お》いてある、くつろげる雰囲気《ふんいき》の専用教室《せんようきょうしつ》で音読《おんどく》の授業《じゅぎょう》を行《おこな》うんだ。生徒《せいと》はそれぞれ自分《じぶん》の好《す》きな場所《ばしょ》に座《すわ》り、好《す》きな本《ほん》を選《えら》んで、自分《じぶん》の「パートナー」であるワンちゃんに向《む》かって本《ほん》を読《よ》む。

もしもクラスメートたちの前《まえ》での音読《おんどく》が苦手《にがて》で、犬《いぬ》を飼《か》っている人《ひと》がいたら、同《おな》じ方法《ほうほう》を試《ため》してみるといいかもしれない。音読《おんどく》が上達《じょうたつ》するかもしれないよ。

オランダ

担任《たんにん》の先生《せんせい》は女《おんな》で男《おとこ》。20代《だい》で50代《だい》。どういうこと？

ヨーロッパのオランダにある小学校《しょうがっこう》の、とあるクラス担任《たんにん》の先生《せんせい》は、28歳《さい》の女性《じょせい》であり、52歳《さい》の男性《だんせい》だ。

……………。たぶん頭《あたま》の中《なか》がこんがらがっただろう。

実《じつ》はオランダでは、月曜日《げつようび》から金曜日《きんようび》までの5日間《かかん》、毎日働《まいにちはたら》いている先生《せんせい》は、全体《ぜんたい》の約《やく》6割《わり》。残《のこ》りの4割《わり》は、1週間《しゅうかん》のうち1～4日間《にちかん》働《はたら》いている。

こういった働《はたら》き方《かた》を、「ワークシェアリング」と呼《よ》んでいる。1人《ひとり》ですべての作業《さぎょう》をするのではなくて、何人《なんにん》かで仕事《しごと》を分《わ》け合《あ》うことで、仕事以外《しごといがい》の人生《じんせい》に必要《ひつよう》なことにも時間《じかん》を使《つか》えるようになるんだ。

子《こ》どもに「勉強以外《べんきょういがい》にも大事《だいじ》なこと」があるように、大人《おとな》にも、育児《いくじ》や趣味《しゅみ》など、仕事《しごと》以外《いがい》の重要《じゅうよう》なことがたくさんある。仕事《しごと》や勉強《べんきょう》と、そのほかに使《つか》う時間《じかん》のバランスを取《と》ることが大切《たいせつ》だという考《かんが》え方《かた》だ。

さて、さきほどのクラスでは「28歳《さい》の女性《じょせい》」が月《げつ》〜水曜日《すいようび》、「52歳《さい》の男性《だんせい》」が木《もく》〜金曜《きんよう》日《び》に授業《じゅぎょう》をしている。全体《ぜんたい》の先生《せんせい》のうちの約《やく》4割《わり》いる、「ワークシェアリングをしている先生《せんせい》たち」のクラスだったというわけだ。先生《せんせい》たちはしっかり情報《じょうほう》を交換《こうかん》しているから、いなかった日《ひ》のこともちゃんと把握《はあく》していて、担任《たんにん》の先生《せんせい》が1人《ひとり》のクラスと同《おな》じように、生徒全員《せいとぜんいん》のことをちゃんと見《み》てくれている。

このように、「学校《がっこう》の担任《たんにん》の先生《せんせい》が何人《なんにん》もいる」のは、オランダだけではない。タイ、イギリス、アメリカ合衆国《がっしゅうこく》、ブラジル、オーストラリアなどでも結構普通《けっこうふつう》にあることなんだ。

学校《がっこう》のこと

カンボジア

小学校《しょうがっこう》の敷地内《しきちない》に駄菓子屋《だがしや》さん！理由《りゆう》があるんです

学校《がっこう》の帰《かえ》りに駄菓子屋《だがしや》さんに寄《よ》ったことはある？　もしかしたら「寄《よ》り道禁止《みちきんし》」という学校《がっこう》のほうが多《おお》いかもしれない。

東南《とうなん》アジアのカンボジアでは、寄《よ》り道《みち》どころではなく、なんと学校《がっこう》の敷地内《しきちない》に駄菓子屋《だがしや》さんがあって、休《やす》み時間《じかん》に買《か》い物《もの》ができる。売《う》っているのは、キャンディー（2つで100リエル＝約《やく》2円《えん》）やえびせんのようなスナック菓子《がし》（1袋約《ふくろやく》13円《えん》）など。コンデンスミルクをかけた食《しょく》パン（1枚約《まいやく》26円《えん》）もある。

最近《さいきん》ではお菓子《かし》よりも健康《けんこう》にいいものを売《う》ってほしいというお父《とう》さん・お母《かあ》さんからの要望《ようぼう》で、その場《ば》で調理《ちょうり》した「軽食《けいしょく》」を売《う》るお店《みせ》が増《ふ》えている。ビーフンを使《つか》った汁麺《しるめん》（1杯約《ぱいやく》65円《えん》）や、揚《あ》げたミートボール（1皿約《さらやく》65円《えん》）などが食《た》べられる。

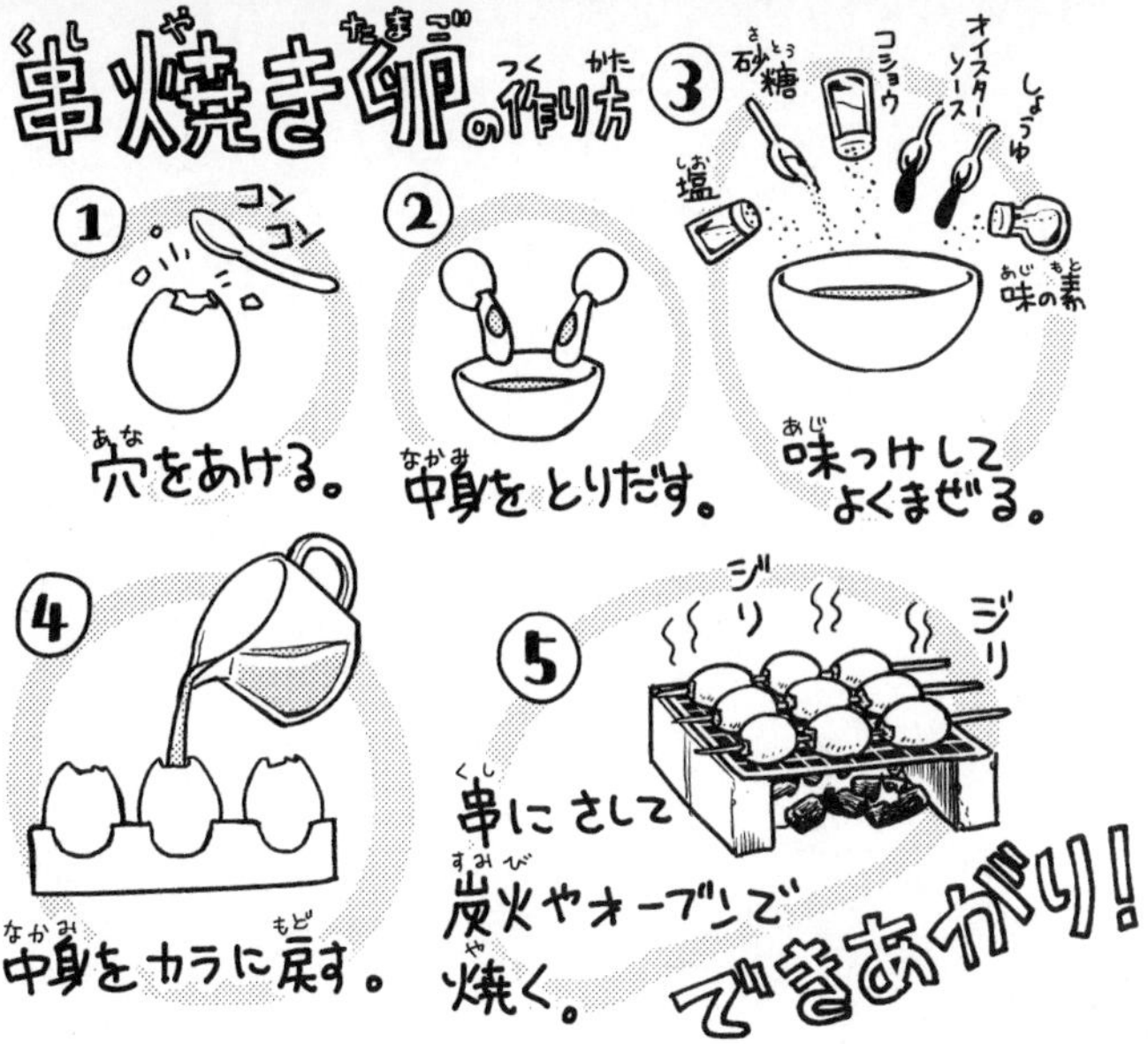

中《なか》でもいちばん人気《にんき》は、安《やす》くておいしい串《くし》焼《や》き卵《たまご》（1本約《ぽんやく》26円《えん》）。ニワトリの卵《たまご》をカラつきのまま串《くし》にさして、炭火《すみび》で焼《や》いてある。

食《た》べ物《もの》だけじゃなくて、缶《かん》ジュースやミネラルウォーター（どちらも1本約《ぽんやく》26円《えん》）も売《う》られている。人気《にんき》のドリンクは、さとうきびジュース（1杯約《ぱいやく》26円《えん》）！　お店《みせ》の機械《きかい》でさとうきびをつぶしてしぼる、「しぼりたて生《なま》ジュース」だ。

「ジュースはまだしも、ミネラルウォーターを買《か》うのはもったいない。水道水《すいどうすい》で充分《じゅうぶん》じゃないか」と思《おも》う人《ひと》もいるかもしれない。

だがこれにはれっきとした理由《りゆう》がある。

カンボジアでは水道《すいどう》がまだあまり整備《せいび》され

ていなくて、井戸水《いどみず》を利用《りよう》しているところが多《おお》い。ところが井戸水《いどみず》をそのまま飲《の》むとおなかを壊《こわ》してしまうので、一度沸騰《いちどふっとう》させて飲《の》むか、ミネラルウォーターを買《か》うのが普通《ふつう》なのだ。

しかも、カンボジアは熱帯《ねったい》に位置《いち》しているからとても暑《あつ》い。水分《すいぶん》をとらないと熱中症《ねっちゅうしょう》になってしまうから、おなかを壊《こわ》さない飲《の》み水《みず》の確保《かくほ》は大事《だいじ》なことなんだ。

さらに、駄菓子屋《だがしや》さんで食《た》べ物《もの》を買《か》うことには、カンボジアならではの理由《りゆう》がある。カンボジアは、一年《ねん》を通《とお》して気温《きおん》が30度《ど》を超《こ》す暑《あつ》い時期《じき》がほとんど。いちばん暑《あつ》いのは3月《がつ》と4月《がつ》で、日中《にっちゅう》は40度以上《どいじょう》になる日《ひ》も多《おお》い。

そんな猛烈《もうれつ》な暑《あつ》さの中《なか》、家《いえ》からお弁当《べんとう》を持《も》っていったらどうなるか？　食《た》べる前《まえ》に腐《くさ》ってしまう。だから駄菓子屋《だがしや》さんで買《か》って食《た》べる必要《ひつよう》があるんだ。

そんなふうに、カンボジアの学校生活《がっこうせいかつ》にはなくてはならない駄菓子屋《だがしや》さん。田舎《いなか》の学校《がっこう》では昔《むかし》ながらの茅葺屋根《かやぶきやね》のお店《みせ》がポツンと1軒《けん》だけ建《た》っているところもあるが、都会《とかい》の大《おお》きな学校《がっこう》ではコンクリートで造《つく》られたお店《みせ》が並《なら》んでいて、席《せき》が用意《ようい》されているところもある。まるでショッピングセンターのフードコートのような感《かん》じだ。

普通《ふつう》の公立小学校《こうりつしょうがっこう》の中《なか》でお菓子《かし》などが買《か》える国《くに》は、カンボジア以外《いがい》にもいくつもある。たとえばアジアでは中国《ちゅうごく》、タイ。中東《ちゅうとう》のアラブ首長国連邦《しゅちょうこくれんぽう》。ヨーロッパではルーマニア。南北《なんぼく》アメリカ大陸《たいりく》ではアメリカ合衆国《がっしゅうこく》、ペルー、アルゼンチン。そしてオセアニアではオーストラリアなどだ。

土地《とち》や気候《きこう》が変《か》われば学校《がっこう》の施設《しせつ》もいろいろ違《ちが》う。それぞれに、ちゃんと理由《りゆう》があるんだ。

アラブ首長国連邦《しゅちょうこくれんぽう》
トイレットペーパーがなくてもへっちゃらなスゴイ理由《りゆう》

アラブ首長国連邦《しゅちょうこくれんぽう》のトイレでは、トイレットペーパーを水《みず》に流《なが》してはいけない。日本《にっぽん》とは下水道《げすいどう》のつくりが違《ちが》うから、トイレの個室《こしつ》に備《そな》え付《つ》けのゴミ箱《ばこ》に捨《す》てることになっている。それはまあいいとしても、場所《ばしょ》によっては、なんとトイレットペーパーがない個室《こしつ》もある！

でも、へっちゃら。トイレットペーパーを使《つか》うよりも、もっときれいにする方法《ほうほう》があるんだ。

それは、個室《こしつ》に備《そな》え付《つ》けられた「ホースがついた水道《すいどう》」を使《つか》うこと。便座《べんざ》は洋式《ようしき》だ。腰《こし》を浮《う》かせて、ホースの先《さき》をお尻《しり》の下《した》に入《い》れ、ハンドルを押《お》して水《みず》を出《だ》す。そう、日本《にっぽん》の洗浄機付《せんじょうきつ》き便座《べんざ》の手動版《しゅどうばん》だ。

ここで、トイレットペーパーがあれば水《みず》をふき取《と》ることができるけれど、もしなかったらどうすればいいと思《おも》う？

正解《せいかい》は「何《なに》もしない」だ。

アラブ首長国連邦《しゅちょうこくれんぽう》は暑《あつ》いだけじゃなくて、非常《ひじょう》に乾燥《かんそう》している。だからわざわざふき取《と》ったりしなくても、しばらくすれば自然《しぜん》に乾《かん》燥《そう》するのだ。

洗《あら》うことから乾燥《かんそう》まで、ぜ～んぶ自動《じどう》でやってくれる日本《にっぽん》の洗浄機《せんじょうき》付《つ》き便座《べんざ》が海外《かいがい》で人《にん》気《き》な理由《りゆう》が、すごくわかる気《き》がするよね。

気候《きこう》のこと

アラブ首長国連邦《しゅちょうこくれんぽう》 「水《みず》」をひねると熱湯《ねっとう》が出《で》るキケンな蛇口《じゃぐち》!?

乾燥《かんそう》している中東《ちゅうとう》の国《くに》・アラブ首長国連邦《しゅちょうこくれんぽう》には、ほかにもビックリしちゃうことがある。青《あお》いマークがついた水《みず》の蛇口《じゃぐち》をひねっているのに、熱湯《ねっとう》が出《で》てくることがあるんだ。もちろん配管《はいかん》を間違《まちが》えたわけでも、誰《だれ》かがいたずらしてお湯《ゆ》と水《みず》のマークを入《い》れ替《か》えたわけでもない。

アラブ首長国連邦《しゅちょうこくれんぽう》は、非常《ひじょう》に暑《あつ》い国《くに》でもある。夏場《なつば》は外《そと》を通《とお》る水道管《すいどうかん》が直射日光《ちょくしゃにっこう》で熱《ねっ》されて、その中《なか》を通《とお》っている水《みず》も熱《あつ》くなってしまう。それで「水《みず》」のほうをひねったのに、熱湯《ねっとう》が出《で》てくるという事態《じたい》が起《お》こるのだ。

ところが一方《いっぽう》、赤《あか》いマークの「お湯《ゆ》」の蛇口《じゃぐち》をひねると、「水《みず》」が出《で》る。

なぜかというと、「お湯《ゆ》」の蛇口《じゃぐち》に接続《せつぞく》されている給湯器《きゅうとうき》のタンクは室内《しつない》にあるから、直射日光《ちょくしゃにっこう》で熱《ねっ》されずにすむんだ。もちろん給湯器《きゅうとうき》の電気《でんき》のスイッチを入《い》れておけばお湯《ゆ》が出《で》るけれど、スイッチを切《き》ってしまえばタンクの水《みず》は温《あたた》まらない。だから水《みず》が出《で》るんだ。

アラブ首長国連邦《しゅちょうこくれんぽう》では、学校《がっこう》の水飲《みずの》み場《ば》の蛇口《じゃぐち》にも、ものすごい「秘密兵器《ひみつへいき》」が隠《かく》されている。

さっきの話《はなし》の流《なが》れでいくと、夏場《なつば》に水飲《みずの》み場《ば》の蛇口《じゃぐち》をひねったら、きっと熱《あつ》いお湯《ゆ》が出《で》てくると考《かんが》えるよね？　ところがなんと、流《なが》れ出《で》るのはキンキンに冷《ひ》えた水《みず》！

なぜかというと、水飲《みずの》み場《ば》の蛇口《じゃぐち》の裏《うら》に、冷蔵庫《れいぞうこ》がついているから。この秘密兵器《ひみつへいき》の水《すい》道《どう》は学校《がっこう》だけでなく、街《まち》の公園《こうえん》にも設置《せっち》されている。

さらに驚《おどろ》くことがもうひとつ。アラブ首長国連邦《しゅちょうこくれんぽう》では、男子《だんし》も女子《じょし》もくるぶしまで隠《かく》れる超《ちょう》ロングワンピースみたいな服《ふく》を着《き》る。しかも長袖《ながそで》だ（小学生《しょうがくせい》はお正月《しょうがつ》や親戚《しんせき》の集《あつ》まりなどの特別《とくべつ》な行事《ぎょうじ》のときだけだけど、大人《おとな》が外出《がいしゅつ》するときは、いつもそのスタイル）。

ただでさえ暑《あつ》いのに、なんでわざわざさらに暑《あつ》くなりそうな服《ふく》を着《き》るのかというと、直《ちょく》射日光《しゃにっこう》が強烈《きょうれつ》だから。

空《そら》からだけじゃなくて、路面《ろめん》から跳《は》ね返《かえ》った日光《にっこう》が、足元《あしもと》からも襲《おそ》ってくる。水道管《すいどうかん》の中《なか》の水《みず》を熱湯《ねっとう》にしてしまうほどの日光《にっこう》が直接体《ちょくせつからだ》に当《あ》たると、日焼《ひや》けどころかやけど状態《じょうたい》になってしまう。そんな強烈《きょうれつ》な日光《にっこう》からも、砂《すな》ぼこりからも体《からだ》が守《まも》れるから、長袖《ながそで》で、くるぶしまで隠《かく》れる服《ふく》を着《き》るのがいちばん安全《あんぜん》なんだ。

ちなみに、このロングワンピースの下《した》には、男子《だんし》は下着《したぎ》と腰巻《こしまき》を、女子《じょし》はもう1枚服《まいふく》を着《き》ているよ。

一見《いっけん》、矛盾《むじゅん》しているように思《おも》えることも、暑《あつ》い国《くに》では身《み》を守《まも》るための「常識《じょうしき》」だったりするんだね。

アラブ首長国連邦《しゅちょうこくれんぽう》

雨《あめ》が降《ふ》ったら学校《がっこう》はお休《やす》み！理由《りゆう》は「超危険《ちょうきけん》だから」!!

「学校閉鎖《がっこうへいさ》」の経験《けいけん》はある？

インフルエンザでクラスが「学級閉鎖《がっきゅうへいさ》」になることはあるけれど、学校全体《がっこうぜんたい》がお休《やす》みになる「学校閉鎖《がっこうへいさ》」は、よほどのことが起《お》きない限《かぎ》りはない。

でも、アラブ首長国連邦《しゅちょうこくれんぽう》では、日本人《にっぽんじん》にしたら「普通《ふつう》レベルじゃん」としか思《おも》えないくらいの雨《あめ》でも、学校《がっこう》が閉鎖《へいさ》されてしまう。

ヒントは「日本人《にっぽんじん》にしたら普通《ふつう》」という点《てん》。

そしてアラブ首長国連邦《しゅちょうこくれんぽう》が「砂漠《さばく》の国《くに》」ということだ。

日本《にっぽん》だったら、街《まち》に降《ふ》った雨《あめ》は道路《どうろ》のわきに設置《せっち》された「雨水枡《うすいます》」に集《あつ》められ、雨水管《うすいかん》

を通《とお》って川《かわ》や海《うみ》へと流《なが》れていく。

もちろん、アラブ首長国連邦《しゅちょうこくれんぽう》にも雨水《あまみず》を集《あつ》めて流《なが》すための「排水溝《はいすいこう》」が設置《せっち》されている。でも、雨以上《あめいじょう》にビュンビュン飛《と》んでくるものがある。

それは、砂《すな》!

アラブ首長国連邦《しゅちょうこくれんぽう》は砂漠《さばく》の国《くに》だから、強《つよ》い風《かぜ》が吹《ふ》くと砂漠《さばく》の砂《すな》が巻《ま》き上《あ》げられて、砂嵐《すなあらし》が起《お》こってしまうんだ。

これがもう、すさまじい。太陽《たいよう》の光《ひかり》が砂《すな》にさえぎられて暗《くら》くなり、数《すう》メートル先《さき》も見《み》えなくなってしまうことがある。こういうひどい砂嵐《すなあらし》は1年《ねん》に8回《かい》ぐらいあって、夏《なつ》に起《お》こることが多《おお》い。

夏《なつ》だけじゃなくて、季節《きせつ》の変《か》わり目《め》には小《ちい》さな砂嵐《すなあらし》が起《お》こりやすいし、冬《ふゆ》にも砂《すな》まじりの強《つよ》い風《かぜ》が吹《ふ》く。数時間《すうじかん》で終《お》わることもあれば、何日《なんにち》も続《つづ》くこともある。

砂嵐《すなあらし》が来《き》たあとは、排水溝《はいすいこう》には砂《すな》が詰《つ》まって、水《みず》を集《あつ》めて流《なが》すことなんてできなくなってしまう。もちろん砂掃除《すなそうじ》の係《かかり》の人《ひと》はいるけれど、砂《すな》を片《かた》づける前《まえ》に雨《あめ》が降《ふ》ってきたらどうしようもない。雨水《あまみず》があふれて、道路《どうろ》が水浸《みずびた》しになってしまうんだ。

アラブ首長国連邦《しゅちょうこくれんぽう》では、登下校《とうげこう》の時《とき》は車《くるま》で学校《がっこう》まで送《おく》り迎《むか》えしてもらう子《こ》がほとんどだけど、道路《どうろ》が水没《すいぼつ》してしまったら、車《くるま》のハンドル操作《そうさ》ができなくなってしまってとても危険《きけん》。だから、学校閉鎖《がっこうへいさ》になる。

日本《にっぽん》ではなんでもないことでも、国《くに》や地域《ちいき》が変《か》われば大変《たいへん》な事態《じたい》になることもあるんだ。

気候《きこう》のこと

アラブ首長国連邦《しゅちょうこくれんぽう》&《アンド》スペイン

暗《くら》くなったら外《そと》遊《あそ》び開《かい》始《し》!?

「門限《もんげん》」は何時《なんじ》だろうか？　塾《じゅく》や習《なら》い事《ごと》に行《い》く日《ひ》はどうしても遅《おそ》くなるにしても、友《とも》だちと遊《あそ》ぶ日《ひ》は、夜《よる》7時《じ》ぐらいまでには家《いえ》に帰《かえ》る約束《やくそく》をしている人《ひと》がほとんどだと思《おも》う。

　ところがアラブ首長国連邦《しゅちょうこくれんぽう》では、多《おお》くの家《いえ》が「外遊《そとあそ》びは6時半《じはん》から」と決《き》めている。

「6時半《じはん》まで」じゃなくて「6時半《じはん》から」だ！

　そうなった理由《りゆう》は、アラブ首長国連邦《しゅちょうこくれんぽう》の気温《きおん》に関係《かんけい》している。陽《ひ》が出《で》ているうちは、暑《あつ》すぎていろいろと危険《きけん》がある。外遊《そとあそ》びができるのは、少《すこ》しでも涼《すず》しくなってから。つまり、太陽《たいよう》が沈《しず》む頃《ころ》からだ。

　でも、暗《くら》くて危険《きけん》なんじゃない？　と思《おも》うかもしれないけれど、心配《しんぱい》ご無用《むよう》。遊《あそ》び場《ば》になる住宅地《じゅうたくち》の空《あ》き地《ち》や駐車場《ちゅうしゃじょう》、そして車《くるま》の少《すく》ない通《とお》りには大《おお》きな街灯《がいとう》がついていて、明《あか》るいから安全《あんぜん》なんだ。

遊《あそ》びの定番《ていばん》は、男子《だんし》はサッカー。サンダルを2つ置《お》いた間《あいだ》をゴールに見立《みた》てて遊《あそ》ぶ、いわゆる「ストリートサッカー」だ。女子《じょし》はほとんど外遊《そとあそ》びをせず、家《いえ》の中《なか》でお姉《ねえ》さんや妹《いもうと》と一緒《いっしょ》にビーズのアクセサリーやスライムを作《つく》ることが多《おお》い。

でも、そんな遅《おそ》い時間《じかん》から遊《あそ》び始《はじ》めて、晩《ばん》ごはんの時間《じかん》に間《ま》に合《あ》うのだろうか。晩《ばん》ごはんといえば、いちばんのごちそう。食《た》べられなかったら大変《たいへん》だ。……それも心配《しんぱい》ご無用《むよう》。アラブ首長国連邦《しゅちょうこくれんぽう》では、晩《ばん》ごはんはだいたい8時半《じはん》くらいから食《た》べ始《はじ》める。6時半《じはん》からでもたっぷり遊《あそ》ぶことができるんだ。

それからこの国《くに》では、晩《ばん》ごはんはいちばんのごちそうではない。午後《ごご》3時《じ》くらいから食《た》べるちょっと遅《おそ》めの昼《ひる》ごはん（「ガダーア」と呼《よ》ぶ）がいちばん大切《たいせつ》とされていて、家族《かぞく》みんながそろってしっかり食《た》べる。

一方晩《いっぽうばん》ごはんは、おなかがすいたら各自《かくじ》がそれぞれ好《す》きなタイミングで食《た》べる。小《ちい》さいサイズのピザを食《た》べることが多《おお》くて、牛《うし》や羊《ひつじ》のひき肉《にく》と玉《たま》ねぎのピザが代表的《だいひょうてき》。

ちなみにアラブ首長国連邦《しゅちょうこくれんぽう》では、お肉《にく》のピザにはチーズをのせない。かわりにオリーブオイルをたっぷりかける。お肉《にく》をのせないピザの場合《ばあい》には、チーズをのせるよ。

遅《おそ》い時間《じかん》から外遊《そとあそ》びをするという国《くに》はほかにもある。ヨーロッパにあるスペインの、特《とく》に南側《みなみがわ》の地域《ちいき》だ。理由《りゆう》はアラブ首長国連邦《しゅちょうこくれんぽう》と同《おな》じく、暑《あつ》い陽射《ひざ》しを避《さ》けるため。日《ひ》が暮《く》れるのは、夏《なつ》なら夜《よる》の10時《じ》くらいだから、街灯《がいとう》がなくても充分遊《じゅうぶんあそ》べる。

定番《ていばん》の遊《あそ》びは、男子《だんし》はやっぱりサッカー。女子《じょし》は公園《こうえん》でおしゃべり。タブレットを持《も》っている人《ひと》が来《き》たら、音楽《おんがく》に合《あ》わせて歌《うた》ったりする。おばあちゃんやお母《かあ》さんと、お料理《りょうり》やお菓子作《かしづく》りをしたりもするよ。

お昼《ひる》ごはんが豪華《ごうか》で晩《ばん》ごはんがあっさりしているのはスペインも同《おな》じ。メニューはスープやサラダとヨーグルトなどで、本当《ほんとう》に軽《かる》めだ。

気候《きこう》のこと

アルゼンチン

ちょっとでも雨《あめ》が降《ふ》ったら超《ちょう》ヤバい!?

「雨《あめ》が降《ふ》ってるから、学校《がっこう》に行《い》くのイヤだなあ」

そんなふうに思《おも》ったことってある？

世界《せかい》には、ちょっと雨《あめ》が降《ふ》っただけで親《おや》が子《こ》どもを学校《がっこう》に行《い》かせない国《くに》がある。それは南米《なんべい》にあるアルゼンチンだ。

なぜならアルゼンチンでは、雨《あめ》が降《ふ》ると、通学路《つうがくろ》も学校《がっこう》もかなり「ヤバいこと」になってしまうから。

まずは通学路《つうがくろ》。

強《つよ》い雨風《あめかぜ》のせいで電線《でんせん》がぶち切《き》れて、ぶら下《さ》がっていることがよくある。もしさわって

しまったら、感電《かんでん》してケガをしてしまう。

日本《にっぽん》でも、大《おお》きな台風《たいふう》が来《き》たときには電線《でんせん》が切《き》れてしまうことがある。とはいえそんな大《おお》きな台風《たいふう》は、1年《ねん》に何回《なんかい》もない。でもアルゼンチンでは、雨《あめ》の日《ひ》の感電事故《かんでんじこ》のニュースは、「わりとよくあること」なんだ。

それから路上《ろじょう》のマンホールの蓋《ふた》が雨《あめ》で流《なが》されてなくなってしまって、「落《お》とし穴《あな》」状態《じょうたい》になっていることもある。もしうっかり落《お》ちたら大変《たいへん》！　大《おお》ケガをしてしまう。

そのほかにも、大《おお》きな街路樹《がいろじゅ》が倒《たお》れて、道《みち》や歩道《ほどう》をふさぐこともしょっちゅうだ。

もし無事《ぶじ》に学校《がっこう》にたどり着《つ》いて席《せき》に座《すわ》ったとしても、校舎《こうしゃ》の屋上《おくじょう》にひび割《わ》れなどができていて、教室《きょうしつ》の天井《てんじょう》から雨水《あまみず》がポトンポトンとしたたり落《お》ちてくる。雨漏《あまも》りだ。勉強《べんきょう》に集中《しゅうちゅう》できないし、ノートが台無《だいな》しになる。ひどい場合《ばあい》には、床《ゆか》が水浸《みずびた》しになってしまうこともある。

電線《でんせん》が切《き》れた場合《ばあい》は、停電《ていでん》にもなってしまう。足元《あしもと》は水浸《みずびた》し、そのうえ薄暗《うすぐら》かったら、勉強《べんきょう》どころじゃないよね。

すべての学校《がっこう》で雨漏《あまも》りや停電《ていでん》が起《お》こるわけではないけれど、こうした数々《かずかず》の理由《りゆう》から、アルゼンチンでは「雨《あめ》の日《ひ》は学校《がっこう》へ行《い》かない」ことが常識《じょうしき》になっているんだ。

だからアルゼンチンで「日本《にっぽん》では雪《ゆき》が降《ふ》っても嵐《あらし》が来《き》ても、よほどのことがない限《かぎ》り学《がっ》校《こう》は休《やす》みにならない」という話《はなし》をすると、子《こ》どもも大人《おとな》も目《め》を丸《まる》くする。「さすがはサムライの子孫《しそん》だ」と。

気候《きこう》のこと

カナダ

寒《さむ》すぎて外《そと》遊《あそ》び禁《きん》止《し》！　でも世《せ》界《かい》遺《い》産《さん》で ギネス記《き》録《ろく》も持《も》つリンクで遊《あそ》ぼう!!

カナダの首都《しゅと》オタワでは、だいたい10月《がつ》〜4月頃《がつごろ》まで「冬《ふゆ》」になる。つまり一年《ねん》の半分《はんぶん》が冬《ふゆ》！　とても寒《さむ》くなる12月《がつ》〜2月頃《がつごろ》は、ときにはマイナス30度《ど》くらいまで気温《きおん》が下《さ》がる。学校《がっこう》の休《やす》み時間《じかん》も、体感気温《たいかんきおん》がマイナス25度《ど》くらいになると外遊《そとあそ》びが禁止《きんし》になる。体感気温《たいかんきおん》というのは体《からだ》が感《かん》じる気温《きおん》のこと。同《おな》じ気温《きおん》でも、風《かぜ》が吹《ふ》けばより寒《さむ》く感《かん》じるし、湿度《しつど》があれば暖《あたた》かく感《かん》じるように、温度計《おんどけい》で測《はか》った気温《きおん》と、風《かぜ》や湿度《しつど》の影響《えいきょう》で実際《じっさい》に感《かん》じる気温《きおん》は少《すこ》し違《ちが》う。もしマイナス10度《ど》でも、風《かぜ》が吹《ふ》いていてマイナス25度《ど》に感《かん》じるなら、即《そく》、外遊《そとあそ》びは禁止《きんし》になってしまうんだ。

外遊《そとあそ》びができる時《とき》は、スノーパンツをはいて校庭《こうてい》に積《つ》もった雪《ゆき》の上《うえ》で転《ころ》がったり、凍《こお》っ

ているところで滑《すべ》って遊《あそ》ぶことができる。

冬《ふゆ》の楽《たの》しみといえばスケート！　公園《こうえん》にスケートリンクができるだけでなく、なんと校《こう》庭《てい》にスケートリンクを作《つく》ってしまう学校《がっこう》もある。体育《たいいく》の時間《じかん》はそういったリンクに行《い》って、スケートをしたりするよ。マイスケート靴《ぐつ》や、ヘルメットやホッケースティックを持《も》っている人《ひと》がたくさんいるから、公園《こうえん》でみんなでアイスホッケーの試合《しあい》もできる。


「リドー運河《うんが》」という世界遺産《せかいいさん》の運河《うんが》も凍《こお》り、ギネス記録《きろく》を持《も》つ「世界一長《せかいいちなが》いスケートリンク」ができあがる。誰《だれ》もが無料《むりょう》で滑《すべ》ることができる。この運河《うんが》をスケートで滑《すべ》って通勤《つうきん》する大人《おとな》もいる。

冬《ふゆ》は確《たし》かに寒《さむ》いし、雪《ゆき》の中《なか》で生活《せいかつ》するのはとても大変《たいへん》。でも、その寒《さむ》さのおかげで、楽《たの》しいこともたくさんあるんだ。

給食《きゅうしょく》のこと

ルーマニア

今日《きょう》も明日《あした》も明後日《あさって》も1年《ねん》後《ご》も、給食《きゅうしょく》がず――っと同《おな》じメニュー！

日本《にっぽん》のだいたいの小学校《しょうがっこう》では、和食《わしょく》・洋食《ようしょく》・中華料理《ちゅうかりょうり》など、バラエティ豊《ゆた》かなおかずが給食《きゅうしょく》で食《た》べられる。でも世界《せかい》の中《なか》には、給食《きゅうしょく》が毎日同《まいにちおな》じメニューという国《くに》がある。
そのメニューとは、「パン1個《こ》」「紙《かみ》パックの牛乳《ぎゅうにゅう》1個《こ》」「リンゴ1個《こ》」。これだけ。
どこの国《くに》かというと、ルーマニアだ。

なぜこんなにシンプルなメニューなのかというと、給食費《きゅうしょくひ》を集《あつ》めていないから。限《かぎ》られた予算《よさん》の中《なか》でやりくりしなければならないから、費用《ひよう》がたくさんかかる日本《にっぽん》のような給食《きゅうしょく》を出《だ》すことはできない。
ルーマニアは農業《のうぎょう》が盛《さか》んな国《くに》だ。気候《きこう》がいいから収穫率《しゅうかくりつ》もよく、働《はたら》いている人《ひと》のうち、約《やく》30パーセントが農業《のうぎょう》をしている。だから、パンの原料《げんりょう》となる小麦《こむぎ》や、リンゴはたくさん収穫《しゅうかく》できる。酪農《らくのう》も盛《さか》んで牛乳《ぎゅうにゅう》も安《やす》く手《て》に入《い》れられる。

というわけで、給食《きゅうしょく》は「パン、牛乳《ぎゅうにゅう》、リンゴ」の3点《てん》セットになったのだ。

給食《きゅうしょく》が配《くば》られるのはもちろんお昼休《ひるやす》み。でも日本《にっぽん》の小学校《しょうがっこう》のようにみんなが席《せき》に座《すわ》って食《た》べる、「給食時間《きゅうしょくじかん》」が決《き》まっているわけではない。お昼《ひる》の休憩時間《きゅうけいじかん》20分《ぷん》の間《あいだ》なら、いつ食《た》べてもいいことになっている。食《た》べたくない人《ひと》は、家《いえ》に持《も》ち帰《かえ》ってもいい。

給食《きゅうしょく》が無料《むりょう》なことはありがたいけれど、同《おな》じメニューが毎日続《まいにちつづ》くのだから、飽《あ》きてしまう人《ひと》も多《おお》い。量《りょう》も少《すく》なくておなかがへってしまう。

そんな人《ひと》たちはどうしているのかというと、給食《きゅうしょく》のほかに、学校内《がっこうない》にあるキオスク（売店《ばいてん》）で菓子《かし》パンや惣菜《そうざい》パン、お菓子《かし》やジュースを買《か》って食《た》べている。

この「無料《むりょう》の給食《きゅうしょく》」が始《はじ》まったのは2002年《ねん》のことだ。

それまで、学校《がっこう》に給食《きゅうしょく》はなかった。小学生《しょうがくせい》は授業《じゅぎょう》が終《お》わったあと、おなかをすかせて家《いえ》に帰《かえ》り、夕方《ゆうがた》4時《じ》ぐらいに自宅《じたく》で家族《かぞく》と昼《ひる》ごはんを食《た》べ、その後《ご》、夜《よる》の9時《じ》や10時頃《じごろ》に晩《ばん》ごはんを食《た》べていた。

これだと、朝《あさ》ごはんを食《た》べてから昼《ひる》ごはんを食《た》べるまで8時間《じかん》もあるから、授業《じゅぎょう》の最後《さいご》のほうはもうおなかがペコペコ。家《いえ》に帰《かえ》ってからも、晩《ばん》ごはんを食《た》べたらすぐに寝《ね》なければいけない時間《じかん》だ。体《からだ》にいい食生活《しょくせいかつ》とはとても言《い》えない。

子《こ》ども時代《じだい》にこういった食生活《しょくせいかつ》を送《おく》っていた人《ひと》は、大人《おとな》になってからも、同《おな》じような時《じ》間《かん》に食事《しょくじ》をする人《ひと》が多《おお》い。ルーマニア人《じん》の成人男女《せいじんだんじょ》に太《ふと》っている人《ひと》が多《おお》いのは、子《こ》どもの頃《ころ》から続《つづ》く、このあまり健康《けんこう》によくない食事時間《しょくじじかん》が原因《げんいん》のひとつなんじゃないかと言《い》われている。

メニューが簡素《かんそ》だから栄養《えいよう》のかたよりはあるけれど、お昼《ひる》に給食《きゅうしょく》が無料《むりょう》で提供《ていきょう》されているおかげで、以前《いぜん》よりも規則正《きそくただ》しい食生活《しょくせいかつ》が送《おく》れるようになった子《こ》どもたちが増《ふ》えている。今《いま》の小学生《しょうがくせい》が大人《おとな》になる頃《ころ》には、給食《きゅうしょく》のおかげで、スリムな体形《たいけい》のルーマニア人《じん》が増《ふ》えているかもしれない。

給食《きゅうしょく》のこと

香港《ホンコン》 給食《きゅうしょく》のかわりに、学校《がっこう》で「出前《でまえ》」を取《と》っちゃう!?

日本《にっぽん》の公立小学校《こうりつしょうがっこう》では給食《きゅうしょく》が出《で》るところがほとんどだけど、実《じつ》は、世界《せかい》には給食《きゅうしょく》がない国《くに》や地域《ちいき》のほうが多《おお》い。香港《ほんこん》のインターナショナルスクールの様子《ようす》を紹介《しょうかい》しよう。

香港《ホンコン》は中国《ちゅうごく》の一部《いちぶ》。だから小学校《しょうがっこう》では、中国語《ちゅうごくご》の方言《ほうげん》のひとつである広東語《カントンご》で授業《じゅぎょう》が行《おこな》われる。

一方《いっぽう》、私立《しりつ》の小学校《しょうがっこう》では、英語《えいご》やフランス語《ご》やドイツ語《ご》といった外国語《がいこくご》で授業《じゅぎょう》が行《おこな》われていることがある。「インターナショナルスクール」と呼《よ》ばれる、外国人《がいこくじん》のための学校《がっこう》だ。

さて香港《ホンコン》のインターナショナルスクールには給食《きゅうしょく》がない。お昼《ひる》ごはんの食《た》べ方《かた》は、２通《とお》りだ。

ひとつは「カフェテリア」。つまり「食堂《しょくどう》」だ。「食堂《しょくどう》」とはいっても、その場《ば》であれこれ選《えら》んで注文《ちゅうもん》することはできない。事前《じぜん》に一学期《がっき》分《ぶん》まるまる申《もう》し込《こ》むことが必要《ひつよう》で、献立《こんだて》は日替《ひが》わりだが決《き》まっている。給食《きゅうしょく》と似《に》た感《かん》じだ。

この日替《ひが》わりランチの内容《ないよう》は、たとえばパスタやフライドチキンやミートパイなど、栄《えい》養士《ようし》さんが考《かんが》えたバランスのいい献立《こんだて》だ。ベジタリアン（野菜《やさい》のみのメニュー）か、ノンベジタリアン（野菜以外《やさいいがい》も含《ふく》めたメニュー）かを選《えら》ぶことができる。

もうひとつの昼《ひる》ごはんは「教室《きょうしつ》で食《た》べるお弁当《べんとう》」。

なんと、お昼《ひる》ごはんの時間《じかん》に合《あ》わせて「お家《うち》の住《す》み込《こ》みのお手伝《てつだ》いさん」がお弁当《べんとう》を届《とど》けてくれる。まるで出前《でまえ》だ。「お手伝《てつだ》いさんがいるなんて、どんだけセレブなんだ！」とビックリするかもしれないけれど、香港《ホンコン》では特別《とくべつ》なことじゃないよ。

「お弁当《べんとう》を食《た》べるなら、朝《あさ》、家《いえ》を出《で》るときに自分《じぶん》で持《も》ってくればいいのに」と思《おも》うかもしれない。でも実《じつ》は、それじゃダメ。「お昼《ひる》ごはんの時間《じかん》に合《あ》わせて」持《も》ってきてもらうことが、いちばん重要《じゅうよう》なんだ。

香港《ホンコン》の気候《きこう》は亜熱帯気候《あねったいきこう》。年間《ねんかん》の平均最高気温《へいきんさいこうきおん》は26度《ど》で、平均最低気温《へいきんさいていきおん》は15度《ど》。

さらに湿度《しつど》は、年間平均《ねんかんへいきん》で77パーセントもある。6月《がつ》から10月頃《がつごろ》までの台風《たいふう》がよく来《く》る時期《じき》は、湿度《しつど》が98パーセントにまでなってしまう。

38ページのカンボジアのお昼《ひる》ごはんの話《はなし》を読《よ》んだ人《ひと》なら、きっとピンときたはずだ。

そう、気温《きおん》と湿度《しつど》が高《たか》いと、食《た》べ物《もの》はすぐに腐《くさ》ってしまう。つまりお弁当《べんとう》を朝《あさ》から用意《ようい》して持《も》って行《い》っても、お昼《ひる》を食《た》べる頃《ころ》にはいたんでしまって、食《た》べたらおなかを壊《こわ》してしまう危険《きけん》があるんだ。

ちなみに、このお弁当《べんとう》の届《とど》け方《かた》が少《すこ》し変《か》わっている。

学校《がっこう》の校門《こうもん》には鍵《かぎ》がかかっていて、中《なか》に入《はい》るためには名前《なまえ》と理由《りゆう》などを書《か》いた申請書《しんせいしょ》をいちいち出《だ》さなければならない。それでは申請《しんせい》するほうも学校《がっこう》も大変《たいへん》だから、うまくお弁当《べんとう》を受《う》け渡《わた》しする方法《ほうほう》が編《あ》み出《だ》された。

それは校門前《こうもんまえ》にクラス別《べつ》のプラスティック箱《ばこ》を置《お》いておくというもの。お手伝《てつだ》いさんが名前《なまえ》の書《か》かれた弁当《べんとう》をそこに入《い》れると、学校《がっこう》のスタッフが各教室《かくきょうしつ》に運《はこ》んでくれるんだ。

給食《きゅうしょく》のこと

スペイン

超豪華《ちょうごうか》！ 給食《きゅうしょく》は「コースメニュー」

栄養《えいよう》バランスがよくて、色《いろ》とりどりで、毎日《まいにち》違《ちが》うメニューが食《た》べられる日本《にっぽん》の給食《きゅうしょく》がすごいことは、今《いま》までの話《はなし》でおわかりいただけたと思《おも》う。

日本《にっぽん》とは違《ちが》った意味《いみ》で、すごい給食《きゅうしょく》が出《で》る国《くに》がある。どこかというと、スペイン。

なんと給食《きゅうしょく》が「コースメニュー」なのだ。

コースメニューの内容《ないよう》は、こんな感《かん》じだ。

■前菜《ぜんさい》（食事《しょくじ》の最初《さいしょ》に出《だ》される料理《りょうり》）

野菜《やさい》のピュレやパスタ、生《なま》ハムとチーズなどの盛《も》り合《あ》わせ、パエリアなどのお米料理《こめりょうり》

■**メインディッシュ**（魚《さかな》や肉《にく》が中心《ちゅうしん》の料理《りょうり》）
白身魚《しろみざかな》のトマト煮《に》（スペインでよく食《た》べられているのはメルルーサというタラの仲間《なかま》）や、ハンバーグ、鶏肉《とりにく》コロッケ（クロケッタ）など

■**デザート**
果物《くだもの》やヨーグルト、プリン、ティラミスやビスコチョ（カステラのようなもの）

このほかに、サラダやパンは毎日《まいにち》ついてくる。前菜《ぜんさい》でお米料理《こめりょうり》を食《た》べるときも、もちろんパンと一緒《いっしょ》に食《た》べる。スペイン人《じん》はなんでもパンと合《あ》わせて食《た》べることが好《す》きだ。

ちなみに給食代《きゅうしょくだい》は1か月《げつ》で80〜180ユーロ（1万円《まんえん》〜2万《まん》3000円《えん》）。日本《にっぽん》の小学校《しょうがっこう》の給食代《きゅうしょくだい》はひと月《つき》だいたい4000円程度《えんていど》だから、それに比《くら》べるとかなり高《たか》いことがわかると思《おも》う。

でも、このコースメニューの給食《きゅうしょく》は、クラス全員《ぜんいん》が食《た》べるわけではない。食《た》べたい日《ひ》だけ申《もう》し込《こ》むことができるし、家《いえ》に帰《かえ》って昼《ひる》ごはんを食《た》べる子《こ》もいる。

「家《いえ》で昼《ひる》ごはんを食《た》べるだなんて、移動《いどう》するだけで昼休《ひるやす》みが終《お》わっちゃう！」という心配《しんぱい》はご無用《むよう》。スペインの昼休《ひるやす》みはなんと3時間《じかん》！　お父《とう》さんやお母《かあ》さんも仕事《しごと》から家《いえ》に帰《かえ》ってきて、家族《かぞく》みんなで食事《しょくじ》して、ちょっと昼寝《ひるね》（「シエスタ」という習慣《しゅうかん》だ）をしたあと、学校《がっこう》や仕事場《しごとば》にもどっていく。昔《むかし》ながらのスペインの生活《せいかつ》だ。

スペインの人《ひと》たちは、「食事《しょくじ》は人生《じんせい》」と言《い》うほど食《た》べることが好《す》き。朝《あさ》ごはん、朝《あさ》のおやつ（これは家《いえ》から学校《がっこう》に持《も》っていって食《た》べる）、昼《ひる》ごはん、夕方《ゆうがた》のおやつ、晩《ばん》ごはん……1日《にち》に5回《かい》、それぞれかなりのボリュームをたいらげる。

朝《あさ》のおやつを食《た》べるのは、午前《ごぜん》10時半《じはん》ぐらい。ほとんどの人《ひと》は家《いえ》から持《も》ってきた「ボカディージョ」と呼《よ》ばれる大《おお》きなバゲットサンドを学校《がっこう》で食《た》べる。

「ボカディージョ」はフランスパンを半分《はんぶん》に切《き》って、生《なま》ハムとチーズ、トルティージャ(スペイン風《ふう》オムレツ)などをはさんだ、スペインの国民食《こくみんしょく》。日本《にっぽん》でいうとおにぎりみたいな感《かん》じかな? でも毎日毎日《まいにちまいにち》ボカティージョじゃ栄養《えいよう》がかたよるから、「週《しゅう》1回《かい》は果物《くだもの》を持《も》ってきましょう」という「フルーツデイ」の取《と》り組《く》みをしている小学校《しょうがっこう》が増《ふ》えている。

スペイン以外《いがい》にも、朝《あさ》のおやつを食《た》べる習慣《しゅうかん》のある国《くに》がある。アジアなら中国《ちゅうごく》、フィリピン、タイ、インドネシア。中東《ちゅうとう》のアラブ首長国連邦《しゅちょうこくれんぽう》。ヨーロッパならスウェーデン、オーストリア、オランダ、アイルランド。アフリカのモロッコ。南北《なんぼく》アメリカ大陸《たいりく》ならアメリカ合衆国《がっしゅうこく》、カナダ、グアテマラ、アルゼンチン、ペルー。オセアニアのオーストラリアなどだ。

ファッション

イギリス

女子《じょし》がズボンをはいても、男子《だんし》がスカートをはいてもOK《オーケー》!

イギリスの小学校《しょうがっこう》では、私立校《しりつこう》にも公立校《こうりつこう》にも制服《せいふく》がある。でも、必《かなら》ずしもエンブレム（校章《こうしょう》）付《つ》きの制服《せいふく》を着《き》る必要《ひつよう》はなくて、色《いろ》さえ規定通《きていどお》りなら、どんな服《ふく》でもＯＫなんだ。

エンブレムなしの制服《せいふく》は、衣料《いりょう》スーパーの「小学生《しょうがくせい》の制服《せいふく》コーナー」で買《か》うことができる。ズボンやスカートは1枚《まい》で、シャツは2枚《まい》で3ポンド（約《やく》４５０円《えん》）くらい。エンブレム付《つ》きの正式《せいしき》な制服《せいふく》だと、この倍《ばい》くらいの値段《ねだん》になるから、エンブレムなしの制服《せいふく》を着《き》る人《ひと》も多《おお》い。

服《ふく》の色《いろ》も自由度《じゆうど》が高《たか》くて、選《えら》ぶことができる。女子《じょし》の夏服《なつふく》なら、「緑《みどり》、青《あお》、黒《くろ》、水色《みずいろ》のワンピースであればどれを着《き》てもよい」、といった感《かん》じだ。選《えら》べる色《いろ》は学校《がっこう》によって違《ちが》う。デザインも結構《けっこう》自由《じゆう》だ。たとえばスカートだと、リボンがついていたり、蝶々《ちょうちょう》やお花《はな》の刺繍《ししゅう》がしてあったり、プリーツスカートやフレアスカート、ベルトがついているタイプ、ジャンパースカートをはいてもOK。

男子《だんし》のズボンも裾《すそ》が絞《しぼ》り気味《ぎみ》だったり裾広《すそひろ》がりだったり、自分《じぶん》の好《この》みで決《き》めていい。ブラウスだって「色《いろ》は白《しろ》」と指定《してい》があっても、色《いろ》さえ守《まも》れば、丸袖《まるそで》のもの、袖《そで》にリボンがついたもの、ボタンがハート形《がた》のもの……など、デザインは自分《じぶん》の好《この》みで選《えら》べる。襟《えり》のデザインも、スタンダードなものや、もっと広《ひろ》がったワイドカラー、ボタンがついたボタンダウンや襟先《えりさき》が丸《まる》くなった形《かたち》から選《えら》んで、組《く》み合《あ》わせを楽《たの》しめる。

制服《せいふく》なのに、こんなに自由《じゆう》でいいの？　と思《おも》うかもしれない。

イギリスでは、一体感《いったいかん》や母校愛《ぼこうあい》を大切《たいせつ》にすることと同時《どうじ》に、「他人《たにん》とは違《ちが》うこと」を尊重《そんちょう》しようという意識《いしき》が強《つよ》い。ある程度《ていど》の「決《き》まり」は設《もう》けるけれど、制約《せいやく》の中《なか》でも選択肢《せんたくし》があることが大切《たいせつ》だとされていて、その考《かんが》え方《かた》が制服《せいふく》にも表《あらわ》れているのだ。

さらに、制服《せいふく》は男女《だんじょ》どちらの性別《せいべつ》にも公平《こうへい》であるべきだと考《かんが》えられている。「男子《だんし》はズボン、女子《じょし》はスカート」というのが「これまでの常識《じょうしき》」だったけれど、今《いま》はそんなことはない。「ズボンのほうが動《うご》きやすくていい」「冬《ふゆ》は寒《さむ》いからズボンがいい」と思《おも》う女子《じょし》はズボンをはく。数《かず》はまだ少《すく》ないけど、「夏《なつ》は涼《すず》しそう」とか「ひらひらでかわいい」と感《かん》じる男子《だんし》はスカートをはいてもいい。

男子《だんし》も女子《じょし》も、性別《せいべつ》に関係《かんけい》なく同《おな》じ制服《せいふく》を着《き》るという国《くに》は、ほかにもある。

中国《ちゅうごく》（ジャージの上下《じょうげ》）、アルゼンチン

（スウェットパンツにT《ティー》シャツやトレーナー）などだ。

ファッション

インドネシア

美《うつく》しいから見《み》せちゃダメ！

インドネシアやマレーシア、中東《ちゅうとう》の国々《くにぐに》で、女性《じょせい》が頭《あたま》に巻《ま》いている布《ぬの》を、「ヒジャブ」と呼《よ》ぶ。イスラム教《きょう》を信《しん》じる、ムスリムの女性《じょせい》たちが髪《かみ》を隠《かく》すためにかぶっている。

なぜ髪《かみ》を隠《かく》すのかというと、「美《うつく》しい部分《ぶぶん》を他人《たにん》に見《み》せない」というイスラム教《きょう》の教《おし》えがあるからだ。髪《かみ》はその「美《うつく》しい部分《ぶぶん》」とされている。

他人《たにん》に見《み》せてはいけないだけで、家族《かぞく》に見《み》せるのはまったく問題《もんだい》ない。だから、自宅《じたく》ではヒジャブを外《はず》している人《ひと》が多《おお》い。美容院《びよういん》で髪《かみ》の毛《け》をカットするときも、ヒジャブを外《はず》しても大丈夫《だいじょうぶ》だ。

ヒジャブをつける年齢《ねんれい》はだいたい12歳《さい》ぐらいから。家《いえ》によっては幼稚園《ようちえん》ぐらいからつけ

る場合《ばあい》もある。

ヒジャブのかぶり方《かた》は、まず髪《かみ》の毛《け》（多《おお》くはロングヘア）をお団子《だんご》にまとめる。その上《うえ》にニット帽《ぼう》のようなぴったりとした素材《そざい》のものをかぶる。

もし髪《かみ》の毛《け》がうまくお団子《だんご》にならなくても大丈夫《だいじょうぶ》。後頭部《こうとうぶ》にきれいな形《かたち》の「盛《も》り」ができているように見《み》せられる帽子《ぼうし》をかぶれば、なんちゃってお団子《だんご》ヘアが完成《かんせい》する。

そしてスカーフなど、四角《しかく》い形《かたち》をした好《この》みの布《ぬの》を半分《はんぶん》に折《お》って頭《あたま》のてっぺんにかぶせ、左右《さゆう》の布《ぬの》を顔《かお》に沿《そ》って巻《ま》き付《つ》けて、ブローチでとめて完成《かんせい》だ。

ヒジャブは「黒《くろ》」とか「白《しろ》」とか、地味《じみ》な

単色《たんしょく》のもの以外《いがい》はつけてはならないとされている厳《きび》しい国《くに》もあるが、「赤《あか》」「青《あお》」「黄色《きいろ》」といったカラフルなものや、「柄《がら》」のある派手《はで》なものが許《ゆる》されている国《くに》もある。

同《おな》じイスラム教《きょう》でも、国《くに》によってOK《オーケー》な範囲《はんい》の解釈《かいしゃく》が違《ちが》うことがあるんだ。

インドネシアはそんなに厳《きび》しくないほうの国《くに》で、オシャレな女子《じょし》はヒジャブの色《いろ》や柄《がら》、そして素材《そざい》にもこだわる。スカーフやマフラーのように、気分《きぶん》やファッションによって巻《ま》き方《かた》を変《か》えたり、自分《じぶん》で新《あたら》しい巻《ま》き方《かた》を編《あ》み出《だ》したりしている。

最近《さいきん》では、接客《せっきゃく》する仕事《しごと》についている場合《ばあい》は、仕事中《しごとちゅう》だけヒジャブを外《はず》すという女性《じょせい》も増《ふ》えている。インドネシアにおけるイスラム教徒《きょうと》の女性《じょせい》たちは、宗教上《しゅうきょうじょう》の決《き》まりを守《まも》りながら、オシャレを楽《たの》しんでいるようだ。

どこの国《くに》でも、ファッションは女子《じょし》の重大《じゅうだい》な関心事《かんしんごと》だよね。

ファッション

世界各国《せかいかっこく》

バッグの中身《なかみ》は、教科書《きょうかしょ》・水筒《すいとう》・トイレットペーパー!? 世界《せかい》の通学《つうがく》カバン事情《じじょう》

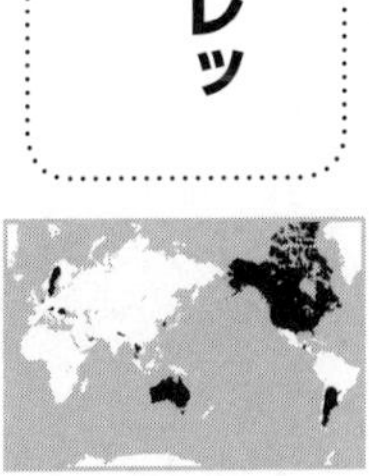

日本《にっぽん》の小学校《しょうがっこう》の通学《つうがく》カバンといえばランドセル。丈夫《じょうぶ》で長持《ながも》ちするすぐれものだけど、意外《いがい》に日本《にっぽん》以外《いがい》の国《くに》では使《つか》われていない。

世界《せかい》の小学生《しょうがくせい》たちは、どんなカバンに、どんな持《も》ち物《もの》を入《い》れて通学《つうがく》しているのだろうか。

1・リュックを使《つか》っている国《くに》

世界的《せかいてき》に、動《うご》きやすいリュックタイプが人気《にんき》。

使《つか》われている素材《そざい》は、国《くに》によって様々《さまざま》なバリエーションがある。

■スウェーデン（北《きた》ヨーロッパ）

教科書《きょうかしょ》は基本的《きほんてき》には学校《がっこう》のロッカーに置《お》いたままで、持《も》ち運《はこ》ぶのは体操服《たいそうふく》や宿題《しゅくだい》、プリ

ントを入《い》れるバインダーぐらい。昼《ひる》ごはんは給食《きゅうしょく》だから、お弁当《べんとう》を持《も》ち歩《ある》くこともない。通学《つうがく》のために持《も》ち運《はこ》ぶ荷物《にもつ》が少《すく》ないから、あまり大《おお》きくないリュックが主流《しゅりゅう》だ。素材《そざい》はキャンバス生地《きじ》が多《おお》い。

変《か》わった持《も》ち物《もの》は「ヘルメット」。自転車通学《じてんしゃつうがく》する生徒《せいと》が多《おお》いからだ。15歳以下《さいいか》の人《ひと》が自転車《じてんしゃ》に乗《の》るときには、かならずヘルメットをかぶらなければならないと決《き》められている。自転車《じてんしゃ》だけじゃなく、スケートボードで通学《つうがく》している人《ひと》もいるよ。

■オランダ（西《にし》ヨーロッパ）・オーストリア（中央《ちゅうおう》ヨーロッパ）

キャンバス生地《きじ》のリュックの人《ひと》が多《おお》い。持《も》ち物《もの》は「お弁当《べんとう》」「水筒《すいとう》」「10時《じ》の軽食《けいしょく》」くらい。教科書《きょうかしょ》もほとんど持《も》ち帰《かえ》らない。

■ルーマニア（東《ひがし》ヨーロッパ）

教科書《きょうかしょ》やノート、筆記用具《ひっきようぐ》をすべて持《も》ち帰《かえ》らなければならないので、かなり大《おお》きめのリュックを使《つか》っている。

■カナダ（北《きた》アメリカ）

学校《がっこう》からの指定《してい》はなくて、みんながそれぞれ好《す》きなデザインや色《いろ》のリュックを使《つか》っているよ。教科書《きょうかしょ》は学校《がっこう》に置《お》きっぱなしで持《も》ち帰《かえ》らないので、通学《つうがく》スタイルはかなり身軽《みがる》。持《も》ち物《もの》は連絡事項《れんらくじこう》などを書《か》き込《こ》む学校支給《がっこうしきゅう》のスケジュール帳《ちょう》、おやつと水筒《すいとう》くらい。

■タイ（東南《とうなん》アジア）

学校指定《がっこうしてい》のリュックを使《つか》う。どれが誰《だれ》のリュックかちゃんとわかるように、キャラクターのキーホルダーなどをつけている。人気《にんき》なのはドラえもんだ。

■ネパール（南《みなみ》アジア）

自転車《じてんしゃ》で通学《つうがく》する人《ひと》や、バイクの2人乗《ふたりの》りで送《おく》り迎《むか》えしてもらう人《ひと》が多《おお》いから、両手《りょうて》が空《あ》けられるようにリュックを使《つか》っている人《ひと》が主流《しゅりゅう》。

■オーストラリア（オセアニア）

校章《こうしょう》入《い》りリュックの人《ひと》が多《おお》いけれど、絶対《ぜったい》に学校指定《がっこうしてい》のものを使《つか》わなくてはいけないわけではない。授業《じゅぎょう》で使《つか》うのは、教科書《きょうかしょ》ではなくて授業用《じゅぎょうよう》のプリントを貼《は》ったノート「ワークブック」。教科書《きょうかしょ》に比《くら》べて軽《かる》いし、基本的《きほんてき》には学校《がっこう》のロッカーに置《お》きっぱなしでOK《オーケー》！宿題《しゅくだい》に必要《ひつよう》なワークブックだけを家《いえ》に持《も》ち帰《かえ》るよ。

絶対《ぜったい》に持《も》っていくものは帽子《ぼうし》。紫外線《しがいせん》がとても強《つよ》い国《くに》だから、皮膚《ひふ》がんにならないように「帽子《ぼうし》をかぶらないと外遊《そとあそ》びをしてはいけない」というルールがあるんだ。

■韓国《かんこく》（東《ひがし》アジア）

軽《かる》くて丈夫《じょうぶ》なビニール素材《そざい》のリュックや、防水加工《ぼうすいかこう》がされたキャンバス生地《きじ》のリュックが主流《しゅりゅう》。韓国《かんこく》では、学校《がっこう》が終《お》わったあと、すぐに塾《じゅく》に行《い》く人《ひと》が多《おお》い。そういう人《ひと》たちは移《い》動《どう》が不便《ふべん》にならないように、重《おも》い教科書《きょうかしょ》は持《も》ち帰《かえ》らないんだ。

小学校《しょうがっこう》の教科書《きょうかしょ》をデジタル化《か》する計画《けいかく》もあるよ。

2・キャリーバッグ

旅行《りょこう》のときに使《つか》う、小《ちい》さな車輪《しゃりん》（キャスター）のついたタイプのカバンで通学《つうがく》している国《くに》もある。重《おも》い荷物《にもつ》を運《はこ》ぶのに最適《さいてき》！

肩《かた》ひもがついていて、リュックのように背負《せお》うことができるタイプのものもある。

■アルゼンチン（南《みなみ》アメリカ）

19ページで紹介《しょうかい》したように、午前《ごぜん》と午後《ごご》の2部制《ぶせい》で授業《じゅぎょう》が行《おこな》われるので、教材《きょうざい》を学校《がっこう》に置《お》いておくことはできない。毎日《まいにち》すべての教材《きょうざい》を持《も》ち帰《かえ》らなくてはならないから、キャリーバッグがうってつけなんだ。人気《にんき》のデザインは、男子《だんし》はスパイダーマンやスター・ウォーズなどのキャラクター付《つ》きか、応援《おうえん》するサッカーチームのロゴ入《い》りのもの。女子《じょし》はディズニープリンセスやバービー人形《にんぎょう》のキャラクター入《い》りデザインが人気《にんき》だよ。

教材以外《きょうざいいがい》の持《も》ち物《もの》は、おやつや水筒《すいとう》、そして、なんと、トイレットペーパー！

実《じつ》は学校《がっこう》のトイレには、トイレットペーパーが備《そな》え付《つ》けられていない。守衛《しゅえい》さんのところに行《い》けばもらえるけれど、わざわざそんなところまで行《い》っていたら、間《ま》に合《あ》わなくなる可能性大《かのうせいだい》！　自分《じぶん》で持《も》っていけば安心《あんしん》なんだ。

■アラブ首長国連邦《しゅちょうこくれんぽう》（中東《ちゅうとう》）

チェックや花柄《はながら》のデザインが人気《にんき》。

持《も》ち物《もの》で特徴的《とくちょうてき》なのは、キャリーバッグとは別《べつ》に持《も》っていく、お弁当用《べんとうよう》の小型《こがた》のクーラーボックス。暑《あつ》さでお弁当《べんとう》が腐《くさ》らないようにするためだ。

3・リュックとキャリーバッグ両方《りょうほう》

両手《りょうて》が使《つか》えて動《うご》きやすいリュックと、たくさんのものを持《も》ち歩《ある》けるキャリーバッグ。通学方法《つうがくほうほう》によって、どちらを選《えら》ぶか変《か》わってくる。

■アメリカ合衆国《がっしゅうこく》（北《きた》アメリカ）

みんながそれぞれ、好《す》きなデザインのリュックを使《つか》っている。キャリーケースで通《かよ》う子《こ》どももいるよ。

教科書《きょうかしょ》も、筆箱《ふでばこ》も持《も》ち歩《ある》かない！

必要《ひつよう》な文具《ぶんぐ》は新学期《しんがっき》に合《あ》わせて学校《がっこう》に持《も》っていくけれど、自分専用《じぶんせんよう》の文具《ぶんぐ》ではなくて

「みんなで使《つか》うためのもの」として置《お》いておくんだ。

カバンの中《なか》には、プリントを持《も》ち帰《かえ》るためのファイルホルダー、おやつ、水筒《すいとう》が入《はい》っている。

■グアテマラ（中央《ちゅうおう》アメリカ）

公立《こうりつ》の小学校《しょうがっこう》に歩《ある》いて通《かよ》う子《こ》が使《つか》っているのは、だいたい軽《かる》くて動《うご》きやすいリュック。

私立《しりつ》の小学校《しょうがっこう》に通《かよ》っている子《こ》は、スクールバスか、車《くるま》で学校《がっこう》まで送《おく》り迎《むか》えしてもらうから、荷物《にもつ》がちょっとぐらい重《おも》くてもへっちゃら。だから、車輪《しゃりん》がついていてキャリーバッグにもなるタイプのリュックを使《つか》っていたりする。

学校《がっこう》のイベント

香港《ホンコン》 43か国《こく》が大集合《だいしゅうごう》する学園祭《がくえんさい》!

日本《にっぽん》の小学校《しょうがっこう》には運動会《うんどうかい》はあるけれど、学園祭《がくえんさい》があるところは少《すく》ないと思《おも》う。
一方《いっぽう》、香港《ホンコン》のインターナショナルスクールでは小学校《しょうがっこう》でも学園祭《がくえんさい》が行《おこな》われる。しかも、在校生《ざいこうせい》の出身国《しゅっしんこく》・約《やく》43か国《こく》の本場《ほんば》の料理《りょうり》が楽《たの》しめるんだ!

年《ねん》に1度《ど》開催《かいさい》されるこの学園祭《がくえんさい》は、「インターナショナルフードフェア」と呼《よ》ばれている。同《おな》じ国出身《くにしゅっしん》の保護者《ほごしゃ》たちが集《あつ》まってブースを出《だ》し、その国《くに》の家庭料理《かていりょうり》を作《つく》る。
日本《にっぽん》の高校《こうこう》や大学《だいがく》の学園祭《がくえんさい》と同《おな》じように、小学校《しょうがっこう》の生徒《せいと》や家族《かぞく》以外《いがい》にも、知《し》り合《あ》いや近所《じょ》の人《ひと》などがやってきて大《おお》にぎわいなんだ。

子《こ》どもに人気《にんき》なのは、やっぱり甘《あま》いもの。アメリカ合衆国《がっしゅうこく》のコットンキャンディー（綿《わた》あめ）やベルギーのワッフル、オランダのミニパンケーキや、カナダのメイプルクッキーなど。

大人《おとな》に人気《にんき》なのは、韓国《かんこく》のキムチライスやインドのサモサ（じゃがいもやひき肉《にく》をスパイスで味《あじ》つけして、小麦粉《こむぎこ》でできた皮《かわ》に包《つつ》んで揚《あ》げた軽食《けいしょく》）、タイのグリーンカレーなど。

地元香港《じもとホンコン》の春巻《はるまき》やドイツのソーセージも、手軽《てがる》に食《た》べられることもあって好評《こうひょう》だ。

日本人《にっぽんじん》の保護者《ほごしゃ》が作《つく》るのは巻《ま》き寿司《ずし》。といっても、香港《ホンコン》ではお刺身《さしみ》など、生《なま》の魚《さかな》をあまり好《この》んで食《た》べないことや、衛生上《えいせいじょう》の問題《もんだい》もあって、ツナや魚肉《ぎょにく》ソーセージなどで作《つく》る。キュウリ巻《ま》きやニンジン巻《ま》きなどのベジタリアンメニューも人気《にんき》だ。

おいなりさんは日本人《にっぽんじん》には評判《ひょうばん》がいいけれど、外国人《がいこくじん》は甘《あま》く味《あじ》つけた「おあげ」を不思《ふし》議《ぎ》に感《かん》じるようで、あまり人気《にんき》がない。デザートだと思《おも》う人《ひと》もいるくらいだ。

お父《とう》さんが張《は》り切《き》るブースもある。それはオーストラリアと南《みなみ》アフリカ。両国《りょうこく》とも、バーベキューグリルでソーセージやひき肉《にく》のパティを焼《や》いて、パンにはさんでホットドッグやハンバーガーにして売《う》っている。バーベキューは男《おとこ》の仕事《しごと》だから、お父《とう》さんの腕《うで》の見《み》せ所《どころ》なんだ。

こうした学園祭《がくえんさい》が開《ひら》かれるのは香港《ホンコン》のインターナショナルスクールのほかに、移民《いみん》が多《おお》いアメリカ、ブラジルなど。オーストラリアの公立小学校《こうりつしょうがっこう》でも行《おこな》われている。

オーストラリアの小学校《しょうがっこう》の場合《ばあい》は、校庭《こうてい》に「移動遊園地《いどうゆうえんち》」がやってくることもあるんだよ！

学校《がっこう》のイベント

オーストリア

学校公認《がっこうこうにん》！コスプレ登校《とうこう》の日《ひ》がある国《くに》

日本《にっぽん》で仮装《かそう》をして楽《たの》しむ日《ひ》といえば、ハロウィーン。音楽《おんがく》の都《みやこ》ウィーンを首都《しゅと》とするオーストリアにも、伝統的《でんとうてき》な仮装《かそう》の日《ひ》がある。「カーニバル」だ。

カーニバルといえば、ヴェネチア（イタリア）の仮面行列《かめんぎょうれつ》や、リオ・デ・ジャネイロ（ブラジル）の派手《はで》な衣装《いしょう》のパレードが知《し》られているけれど、どれも起源《きげん》はオーストリアのカーニバルと一緒《いっしょ》なんだよ。

オーストリアのカーニバルは「ファッシング」と呼《よ》ばれている。ファッシングの期間《きかん》はだいたい1月前半《がつぜんはん》から2月半《がつなか》ばまで。仮装《かそう》して登校《とうこう》する日《ひ》は、フ

アッシングの最終週《さいしゅうしゅう》の、ある一日《にち》だ。

男《おとこ》の子《こ》に人気《にんき》のコスプレは中世《ちゅうせい》の騎士《きし》、消防士《しょうぼうし》、ヒーローもののアニメの主人公《しゅじんこう》、ハリー・ポッターなど。女《おんな》の子《こ》はお姫様《ひめさま》、妖精《ようせい》、天使《てんし》などのカワイイ系《けい》と、ネイティブ・アメリカンの少女《しょうじょ》、女性警察官《じょせいけいさつかん》などのクール系《けい》に分《わ》かれる。

この時期《じき》のスーパーやおもちゃ屋《や》さんにはコスプレグッズが並《なら》び、ありとあらゆる職業《しょくぎょう》の衣装《いしょう》やカツラから、自分《じぶん》の衣装《いしょう》を選《えら》ぶことができる。日用雑貨店《にちようざっかてん》にはフェイスペイント用《よう》のメイク道具《どうぐ》がそろっていて、仮装登校日《かそうとうこうび》の朝《あさ》にはお母《かあ》さんにメイクをしてもらったりもする。

ファッシングの仮装《かそう》ＯＫ《オーケー》の日《ひ》は授業時間《じゅぎょうじかん》が少《すく》なくなっていて、教室《きょうしつ》でファッシングにちなんだ工作《こうさく》をしたり、保護者《ほごしゃ》が持《も》ち寄《よ》った手作《てづく》りのお菓子《かし》を食《た》べたりする楽《たの》しみもある。

ドイツやスペインにも、同《おな》じような習慣《しゅうかん》があるよ。


ちなみに、大人《おとな》たちはどうしているのかというと、「仮装《かそう》」はせず、タキシードやドレスで「正装《せいそう》」して、舞踏会《ぶとうかい》に向《む》かう。

この舞踏会《ぶとうかい》で踊《おど》るのはウィンナーワルツ。ダンスは大人《おとな》のたしなみのひとつだ。逆《ぎゃく》に言《い》うと、「舞踏会《ぶとうかい》デビュー」することが、大人《おとな》への階段《かいだん》の第一歩《だいいっぽ》とされる。

というわけで13〜19歳《さい》になるとダンス教室《きょうしつ》に通《かよ》い、社交《しゃこう》ダンスのステップを学《まな》ぶ。カップルでクラスに通《かよ》ったり、レッスン中《ちゅう》にダンスパートナーを見《み》つけたりと、学校《がっこう》とはちょっと違《ちが》う集《あつ》まりがあるんだ。


「ハロウィーン」や「カーニバル」以外《いがい》にも、世界各国《せかいかっこく》に仮装《かそう》をする記念日《きねんび》がある。

フィリピンでは10月《がつ》24日《か》の「国連《こくれん》デー」に各国《かっこく》の民族衣装《みんぞくいしょう》を着《き》る。

アラブ首長国連邦《しゅちょうこくれんぽう》の「キャリアデー」では将来《しょうらい》なりたい職業《しょくぎょう》のコスプレをし、「ナショナルデー」では伝統的《でんとうてき》な花嫁《はなよめ》衣装《いしょう》などを着《き》る。

イギリスの「ブックデー」では、好《す》きなキャラクターになりきったり、その年《とし》のテーマに沿《そ》った仮装《かそう》をしたりする。

オランダでは王様《おうさま》の誕生日《たんじょうび》に、国《くに》の色《いろ》であるオレンジ色《いろ》のものを身《み》につける。

カナダにはパジャマで登校《とうこう》する「パジャマデー」や、いじめ撲滅《ぼくめつ》の気持《きも》ちをみんなで再《さい》認識《にんしき》するためにピンクの服《ふく》を着《き》る「ピンクシャツデー」がある。

アルゼンチンには建国当時《けんこくとうじ》の服装《ふくそう》をして、当時《とうじ》に思《おも》いを馳《は》せる日《ひ》がある。

世界中《せかいじゅう》に、いろんな理由《りゆう》や起源《きげん》を持《も》つ「仮装《かそう》の日《ひ》」があるんだ。

宿題《しゅくだい》のこと

香港《ホンコン》

宿題《しゅくだい》は20分《ぷん》しかしちゃダメ!?

学校《がっこう》から帰《かえ》ってきて、晩《ばん》ごはんを食《た》べて、学校《がっこう》の宿題《しゅくだい》を一生懸命《いっしょうけんめい》していたら、もう寝《ね》る時間《じかん》！　今日《きょう》は全然《ぜんぜん》遊《あそ》べなかった……なんて日《ひ》はある？

そんな人《ひと》に紹介《しょうかい》したい小学校《しょうがっこう》がある。それは61ページでも紹介《しょうかい》した香港《ホンコン》の、とあるインターナショナルスクールだ。この学校《がっこう》には、「宿題《しゅくだい》は20分《ぷん》以上《いじょう》しちゃダメ」というルールがある！

重要《じゅうよう》なのは、「20分《ぷん》以内《いない》で全部《ぜんぶ》終《お》わらせなきゃいけない」わけではないということ。問《もん》題《だい》を解《と》いている途中《とちゅう》でも、20分《ぷん》経《た》ったらやめなきゃいけないんだ。

なぜそんな素晴《すば》らしい（？）ルールが決《き》められたのかというと、「小学生《しょうがくせい》は勉強《べんきょう》以外《いがい》にもやるべきことがたくさんある」から。

たとえば友《とも》だちと遊《あそ》ぶこと。家族《かぞく》と一緒《いっしょ》に過《す》ごすこと。習《なら》い事《ごと》をすること。

やりたいことはたくさんあるけど、放課後《ほうかご》の時間《じかん》は限《かぎ》られている。宿題《しゅくだい》に費《つい》やす時間《じかん》が多《おお》すぎると、勉強《べんきょう》以外《いがい》の時間《じかん》が取《と》れなくなってしまうからだ。

時間《じかん》を制限《せいげん》することで集中《しゅうちゅう》して取《と》り組《く》むから効率《こうりつ》が上《あ》がるし、集中力《しゅうちゅうりょく》を高《たか》めることにもつながって、いいことずくめだ。

さらに金曜日《きんようび》は、宿題《しゅくだい》が出《で》ない。サッカーなどのスポーツをしている人《ひと》は、週末《しゅうまつ》に試合《しあい》があるからだ。香港《ホンコン》では共働《ともばたら》きの家庭《かてい》が多《おお》いから、家族《かぞく》が一緒《いっしょ》に長時間《ちょうじかん》過《す》ごせるのは週末《しゅうまつ》しかない。みんなと一緒《いっしょ》にハイキングなどに行《い》くのも週末《しゅうまつ》にするべき大事《だいじ》なことのひとつだよね。

夏休《なつやす》みや冬休《ふゆやす》みにも、宿題《しゅくだい》が出《で》ない。自分《じぶん》や両親《りょうしん》が生《う》まれ育《そだ》った国《くに》へ「一時帰国《いちじきこく》（里帰《さとがえ》り）」する人《ひと》も多《おお》いからだ。

宿題《しゅくだい》のほかに、やるべきことが山積《やまづ》みだ!!

世界《せかい》の夏休《なつやす》み
&《アンド》冬休《ふゆやす》み

アメリカ合衆国《がっしゅうこく》

夏《なつ》休《やす》み中《ちゅう》にも、超《ちょう》楽《たの》しい学《がっ》校《こう》がある！

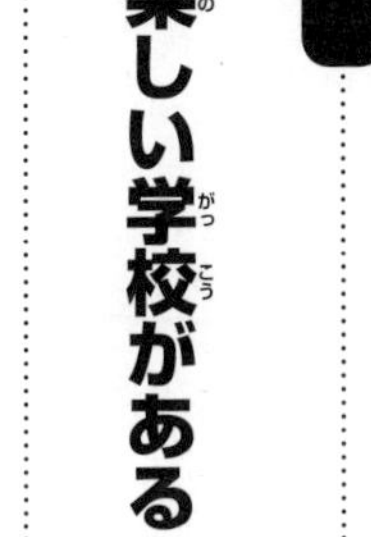

アメリカでは6月中旬《がつちゅうじゅん》から9月初旬《がつしょじゅん》まで、約《やく》3か月《げつ》の夏休《なつやす》みがある。

そんなに長《なが》い夏休《なつやす》みを、アメリカのみんなは、いったいどうやって過《す》ごしているんだろう？

楽《たの》しい夏休《なつやす》みの過《す》ごし方《かた》のひとつは、「サマーキャンプ」！

毎日家《まいにちいえ》から通《かよ》う、小学校《しょうがっこう》みたいだけど小学校《しょうがっこう》ではない「学校《がっこう》」だ。

せっかくお休《やす》みなのに、なぜ学校《がっこう》に通《かよ》うのかというと、ここでしか体験《たいけん》できないことがたくさんあるからなんだ。

スペイン語《ご》や中国語《ちゅうごくご》、日本語《にほんご》を教《おし》えるものや、教会《きょうかい》でマナーを学《まな》ぶもの、スポーツや楽《がっ》器演奏《きえんそう》を体験《たいけん》できるもの、さらにはサーカス体験《たいけん》ができるものなど、いろんなサマーキャンプがある！

動物園《どうぶつえん》や水族館《すいぞくかん》、美術館《びじゅつかん》、農園《のうえん》、植物園《しょくぶつえん》で開《ひら》かれるサマーキャンプで専門知識《せんもんちしき》を学《まな》ぶこともできる。

街《まち》によっては、その土地《とち》で盛《さか》んな業種《ぎょうしゅ》のサマーキャンプが開《ひら》かれていることもある。たとえば、IT《アイティー》の会社《かいしゃ》がたくさんあるシアトルという街《まち》では、コンピュータープログラムやゲームデザインの大学《だいがく》や専門学校《せんもんがっこう》に行《い》って、「マインクラフト」やロボットを使《つか》って楽《たの》しくコンピューターのことを勉強《べんきょう》することができるよ。

サマーキャンプの期間《きかん》は、それぞれだいたい1週間《しゅうかん》。

夏休《なつやす》みを使《つか》って、いろんなサマーキャンプに行《い》くことができるよ。

サマーキャンプは、「好《す》きなこと」「興味《きょうみ》があること」をとことん知《し》る絶好《ぜっこう》のチャンスなんだ。しかも、いろんな小学校《しょうがっこう》から子《こ》どもたちが集《あつ》まるから、同《おな》じ趣味《しゅみ》や興味《きょうみ》を持《も》った新《あたら》しい友《とも》だちがたくさんできる。

とっても長《なが》いお休《やす》みも、いろんなサマーキャンプに楽《たの》しく参加《さんか》していたら、あっという間《ま》に終《お》わっちゃうんだ！

カンボジア

1年《ねん》に3回《かい》も「お正月《しょうがつ》」がやってくる!

「お正月《しょうがつ》」は、実《じつ》は1月1日《がつついたち》だけじゃない。世界《せかい》には、1月1日《がつついたち》以外《いがい》の日《ひ》をお正月《しょうがつ》として祝《いわ》う国《くに》がある。

有名《ゆうめい》なのは、中国《ちゅうごく》の「旧正月《きゅうしょうがつ》（「春節《しゅんせつ》」とも言《い》う）」だ。旧正月《きゅうしょうがつ》に、日本《にっぽん》の中華街《ちゅうかがい》で獅子舞《ししまい》がパレードをして祝《いわ》っている様子《ようす》を、ニュースで観《み》たことがある人《ひと》もいると思《おも》う。

さて、東南《とうなん》アジアのカンボジアには、1年《ねん》になんと3回《かい》もお正月《しょうがつ》がある。

まずは、みんなも知《し》っている「1月1日《がつついたち》」。これは「国際正月《こくさいしょうがつ》（インターナショナル・ニュー・イヤー）」と呼《よ》ばれていて、世界的《せかいてき》に新年《しんねん》が来《き》たことを祝《いわ》う休日《きゅうじつ》になっている。

ただし、カンボジアでのお正月休《しょうがつやす》みは元日当日《がんじつとうじつ》の1日《にち》きり。特別《とくべつ》な飾《かざ》りつけや料理《りょうり》はしない。

2回目《かいめ》のお正月《しょうがつ》は、「中国正月《ちゅうごくしょうがつ》（チャイニーズ・ニュー・イヤー）」。これは、さっきも紹介《しょうかい》した「旧正月《きゅうしょうがつ》」のことだ。

この中国正月《ちゅうごくしょうがつ》は、月《つき》の満《み》ち欠《か》けを基準《きじゅん》にした太陰暦《たいいんれき》に基《もと》づいている。みんなの使《つか》っているカレンダーでいうと1月《がつ》から2月《がつ》の間《あいだ》にあって、毎年少《まいとしすこ》しずつ日《ひ》にちが変《か》わる。

「旧正月《きゅうしょうがつ》」は、国《くに》の祝日《しゅくじつ》ではないけれど、カンボジアには中華系《ちゅうかけい》の住民《じゅうみん》が多《おお》いので、元日《がんじつ》の日《ひ》を含《ふく》めた前後《ぜんご》3日《か》くらいをお休《やす》みにする会社《かいしゃ》や学校《がっこう》もあるんだ。

以前《いぜん》は「中国正月《ちゅうごくしょうがつ》といえば爆竹《ばくちく》！」というほど街中《まちじゅう》に破裂音《はれつおん》が鳴《な》り響《ひび》いていたけれど、最近《さいきん》は騒音《そうおん》の防止《ぼうし》と安全《あんぜん》のために禁止《きんし》になった。街《まち》には中国正月用《ちゅうごくしょうがつよう》の赤《あか》い飾《かざ》りつけが施《ほどこ》されて、赤《あか》い洋服《ようふく》を着《き》て祝《いわ》う人《ひと》が増《ふ》える。街中《まちじゅう》に赤《あか》があふれて華《はな》やかになるんだ。

ほかにも、銀紙《ぎんがみ》や金紙《きんがみ》で作《つく》ったお金《かね》や、ニセモノの100ドル札《さつ》を燃《も》やしたりする。お金《かね》を煙《けむり》にして天空《てんくう》に送《おく》って、亡《な》くなったご先祖様《せんぞさま》があの世《よ》で使《つか》えるようにするという考《かんが》え方《かた》に基《もと》づいた習慣《しゅうかん》だ。

そして3回目《かいめ》のお正月《しょうがつ》は、「クメール正月《しょうがつ》」。

「クメール」というのはカンボジアの人口《じんこう》の90パーセントを占《し》める「クメール民族《みんぞく》」のことで、カンボジアでいちばん大切《たいせつ》なお正月《しょうがつ》なんだ。

クメール正月《しょうがつ》が国際正月《こくさいしょうがつ》といちばん違《ちが》う点《てん》は、「何時《なんじ》に新年《しんねん》を迎《むか》えるかは、毎年違《まいとしちが》う」ということ。

国際正月《こくさいしょうがつ》では午前《ごぜん》0時《じ》に年《とし》が明《あ》けるけれど、クメール正月《しょうがつ》では「12人《にん》の女神《めがみ》（デヴァターという）のうち、誰《だれ》か1人《ひとり》が天《てん》から降《お》りてくる」時間《じかん》に年《とし》が明《あ》ける。

女神《めがみ》が降臨《こうりん》する時間《じかん》は、王室《おうしつ》づきの占《うらな》い師《し》によって決《き》まる。だから、昼間《ひるま》に新年《しんねん》を迎《むか》えることもあるし、真夜中《まよなか》に新年《しんねん》を迎《むか》えることもある。ちなみに、２０１８年《ねん》の「女神《めがみ》が降臨《こうりん》した時間《じかん》」は、4月《がつ》14日午前《かごぜん》9時《じ》12分《ふん》。２０１８年《ねん》の干支《えと》・犬《いぬ》に乗《の》って女神《めがみ》モフレアデヴィが降臨《こうりん》したとされている。

占《うらな》いの結果《けっか》によっては、13日《にち》にお正月《しょうがつ》がやってくる年《とし》もあるんだ。

みんなが起《お》きていられる時間《じかん》に新年《しんねん》を迎《むか》えた年《とし》は、家族全員《かぞくぜんいん》がテレビの前《まえ》に集《あつ》まって、

新《あたら》しい女神《めがみ》の降臨《こうりん》と、去年《きょねん》の女神《めがみ》と交代《こうたい》する儀式《ぎしき》を観《み》る習慣《しゅうかん》があるよ。

お正月《しょうがつ》の期間《きかん》は、家《いえ》の門《もん》の前《まえ》にテーブルを置《お》いて、ロウソク、飾《かざ》り用《よう》のお線香《せんこう》、そして花《はな》やフルーツ、ジュースなどをお供《そな》えする。飾《かざ》り用《よう》のお線香《せんこう》には、女神様《めがみさま》に捧《ささ》げるための本物《ほんもの》のお札《さつ》をくくりつけておくんだ。

日本《にっぽん》の初詣《はつもうで》のように、お寺《てら》にも行《い》く。1年《ねん》で溜《た》まった不浄《ふじょう》なものを洗《あら》い清《きよ》めるために仏《ぶつ》像《ぞう》を水《みず》で洗《あら》ったり、厄《やく》をはらって福《ふく》を呼《よ》び込《こ》むためにお坊《ぼう》さんから水《みず》をかけてもらったりする。カンボジアは熱帯気候《ねったいきこう》の国《くに》で、4月《がつ》のクメール正月《しょうがつ》はいちばん暑《あつ》い時期《じき》だから、どんなに濡《ぬ》れてもへっちゃらだよ!

お寺《てら》の儀式《ぎしき》だけじゃなくて、街《まち》ではみんなで水《みず》をかけあう「水《みず》かけ祭《まつ》り」が始《はじ》まる。お正月《しょうがつ》の期間《きかん》は「無礼講《ぶれいこう》」だから、目上《めうえ》の人《ひと》や見知《みし》らぬ人《ひと》にもじゃんじゃん水《みず》をかけていく。かけ方《かた》も、水鉄砲《みずでっぽう》なんていうかわいらしいものばかりじゃなくて、バケツやホースで、はたまたトラックの荷台《にだい》に乗《の》って道《みち》ゆく人《ひと》にも大放水《だいほうすい》しちゃう！

ただし、子《こ》ども連《づ》れやスーツ姿《すがた》の人《ひと》、外国人《がいこくじん》などにはかけないという暗黙《あんもく》のルールがある。危険《きけん》なことが起《お》こったり、びっくりさせたりしないようにしているんだ。

ほかにも、電話中《でんわちゅう》の人《ひと》にはかけないようにする。スマートフォンが水《みず》で壊《こわ》れちゃったら大変《たいへん》だからね。

オーストリア

連休《れんきゅう》の大混雑《だいこんざつ》を回避《かいひ》するために編《あ》み出《だ》されたダイタンな解決策《かいけつさく》！

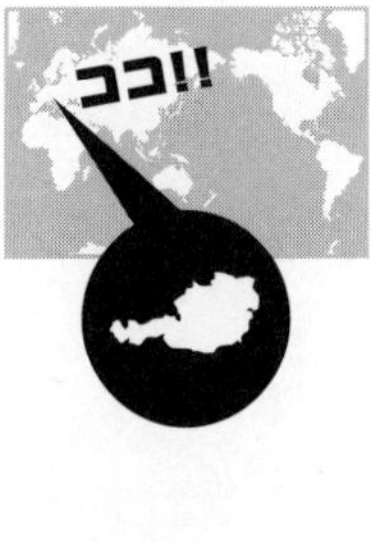

日本《にっぽん》の連休《れんきゅう》には混雑《こんざつ》がつきもの。行楽地《こうらくち》や田舎《いなか》に向《む》かう高速道路《こうそくどうろ》は大渋滞《だいじゅうたい》、新幹線《しんかんせん》もぎゅうぎゅう詰《づ》めになってしまう。その一方《いっぽう》で、休暇中《きゅうかちゅう》の混雑《こんざつ》を解消《かいしょう》するために、ものすごく大胆《だいたん》な方法《ほうほう》を使《つか》っている国《くに》がある。

ヨーロッパの内陸《ないりく》にある国《くに》、オーストリアだ。首都《しゅと》は音楽《おんがく》の都《みやこ》ウィーン。そしてアルプス山脈《さんみゃく》のある国《くに》だよ。冬《ふゆ》になるとアルプスの山々《やまやま》には、世界各国《せかいかっこく》からスキー客《きゃく》が集《あつ》まる。もちろん地元《じもと》オーストリア人《じん》もスキーが大好《だいす》きだ。なんといっても2月《がつ》にある「セメスター休暇《きゅうか》（学期《がっき》の区切《くぎ》りにあるお休《やす》み）」を、別名《べつめい》「スキー休暇《きゅうか》」と呼《よ》ぶくらいだ。

この「スキー休暇《きゅうか》」の長《なが》さは1週間《しゅうかん》ほど（土日《どにち》を入《い》れれば9日間《かかん》ある）。

この短《みじか》い期間《きかん》にオーストリア中《じゅう》のスキー好《ず》きたちがアルプスに押《お》し寄《よ》せたら、大混雑《だいこんざつ》になってしまう。

だがご安心《あんしん》を。なんとオーストリアでは州《しゅう》（日本《にっぽん》の都道府県《とどうふけん》のようなもの）によって「スキー休暇《きゅうか》」の休《やす》みがずれているのだ。

オーストリアには9つの州《しゅう》がある。2018年《ねん》の場合《ばあい》、ウィーン州《しゅう》とニーダーエースタライヒ州《しゅう》とフォーアールベルク州《しゅう》は2月《がつ》の第《だい》1週《しゅう》、チロル州《しゅう》、ザルツブルク州《しゅう》、ブルゲンラント州《しゅう》、ケルンテン州《しゅう》は第《だい》2週《しゅう》、オーバーエーストライヒ州《しゅう》とシュタイヤマルク州《しゅう》は第《だい》3週《しゅう》が休《やす》みだった。

年《とし》によって、どの州《しゅう》が何週目《なんしゅうめ》に休《やす》むかは変《か》わる。

ただ、泊《と》まりがけでないとスキーに行《い》くのが大変《たいへん》なウィーン州《しゅう》、ニーダーエースタライヒ州《しゅう》、ブルゲンラント州《しゅう》、シュタイヤマルク州《しゅう》の休《やす》みは、なるべく重《かさ》ならないように配慮《はいりょ》される。

この休暇《きゅうか》の分散《ぶんさん》は1970年代《ねんだい》から始《はじ》まっていて、もう40年《ねん》以上《いじょう》の歴史《れきし》があるんだ。

オーストリアの冬《ふゆ》のお休《やす》みは「スキー休《きゅう》暇《か》」だけではない。日本《にっぽん》の冬休《ふゆやす》みのように、クリスマスからお正月《しょうがつ》までの約《やく》2週間《しゅうかん》もお休《やす》みで、「クリスマス休暇《きゅうか》」と呼《よ》ばれる。

クリスマス休暇《きゅうか》には、スキーをして過《す》ごす人《ひと》もいるけれど、どちらかというと家族《かぞく》でゆっくりする人《ひと》が多《おお》い。祖父母《そふぼ》や親戚《しんせき》の家《いえ》を訪《おとず》れて、大家族《だいかぞく》で過《す》ごすんだ。

休《やす》み方《かた》が少《すこ》し違《ちが》う「スキー休暇《きゅうか》」と「クリスマス休暇《きゅうか》」には、日本《にっぽん》の小学生《しょうがくせい》ならおそらく誰《だれ》もが大絶賛《だいぜっさん》する共通点《きょうつうてん》がある。それは

「宿題《しゅくだい》がまったくないこと」。

夏休《なつやす》みや春休《はるやす》みも宿題《しゅくだい》なしだ。

長期《ちょうき》の休《やす》みの間《あいだ》は、勉強《べんきょう》のことを考《かんが》えず、たっぷり遊《あそ》んで、体《からだ》を動《うご》かして、リフレッシュしようという理由《りゆう》があるからなんだ。

オーストリアのように、州《しゅう》によって休《やす》みの始《はじ》まりと終《お》わりの時期《じき》が違《ちが》う国《くに》はほかにもある。オランダの夏休《なつやす》みだ。こちらも3つの地域《ちいき》で分《わ》かれていて、期間《きかん》が最大《さいだい》2週間《しゅうかん》ずれる。

「スキー休暇《きゅうか》」のように、どの州《しゅう》がいつ休《やす》むかは、毎年《まいとし》変《か》わるよ。

世界各国《せかいかっこく》

夏休《なつ》《やす》みがいちばん長《なが》い国《くに》はどこだ!?

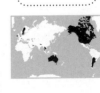

日本《にっぽん》の小中学校《しょうちゅうがっこう》のお休《やす》みは、「春休《はるやす》みが2週間《しゅうかん》・夏休《なつやす》みが6週間《しゅうかん》・冬休《ふゆやす》みが2週間《しゅうかん》」というのが一般的《いっぱんてき》だ。

北海道《ほっかいどう》など、寒《さむ》かったり雪《ゆき》が多《おお》かったりする地域《ちいき》では、夏休《なつやす》みを短縮《たんしゅく》してその分《ぶん》冬休《ふゆやす》みを長《なが》くしているところもあるけれど、年間合計《ねんかんごうけい》は、だいたい10週間《しゅうかん》くらい。

一方《いっぽう》、世界《せかい》の国々《くにぐに》のお休《やす》みは、日本《にっぽん》よりも長《なが》く、さらに「秋休《あきやす》み」もあるところが多《おお》い。

■スウェーデン（北《きた》ヨーロッパ）

春休《はるやす》みが1週間《しゅうかん》、夏休《なつやす》みが6月中旬《がつちゅうじゅん》から8月下旬《がつげじゅん》の10週間《しゅうかん》、秋休《あきやす》みが10月末《がつまつ》から11月《がつ》あたりの1週間《しゅうかん》、冬休《ふゆやす》みが12月中旬《がつちゅうじゅん》から1月初旬《がつしょじゅん》までの3週間《しゅうかん》。

これに加《くわ》えて、2月《がつ》に「ウィンタースポーツ休暇《きゅうか》」が1週間《しゅうかん》あり、合計《ごうけい》なんと16週間《しゅうかん》！

土日《どにち》や国民《こくみん》の祝日《しゅくじつ》を入《い》れると、1年《ねん》で学校《がっこう》に行《い》かない日《ひ》のほうが多《おお》いことになる。

■**スイス**（中央《ちゅうおう》ヨーロッパ）
春休《はるやす》みが2週間《しゅうかん》、夏休《なつやす》みが8週間《しゅうかん》、秋休《あきやす》みが2週間《しゅうかん》、冬休《ふゆやす》みが2週間《しゅうかん》、2月《がつ》の冬休《ふゆやす》み（スポーツ休暇《きゅうか》）が1～2週間《しゅうかん》で、合計《ごうけい》15～16週間《しゅうかん》。

■**アイルランド**（北西《ほくせい》ヨーロッパ）
春休《はるやす》みが2週間《しゅうかん》、夏休《なつやす》みが8週間《しゅうかん》、秋休《あきやす》みが1週間《しゅうかん》、冬休《ふゆやす》みが2週間《しゅうかん》、2月《がつ》の中間休《ちゅうかんやす》みが1週間《しゅうかん》で、合計《ごうけい》14週間《しゅうかん》だ。

■**オランダ**（西《にし》ヨーロッパ）
ヨーロッパの中《なか》では、長期休暇《ちょうききゅうか》がそれほど長《なが》くない。
春休《はるやす》みが1週間《しゅうかん》、日本《にっぽん》のゴールデンウィークと同《おな》じくらいの時期《じき》に「5月休《がつやす》み」が1週《しゅう》間《かん》、夏休《なつやす》みが6週間《しゅうかん》、秋休《あきやす》みが1週間《しゅうかん》、冬休《ふゆやす》みが2週間《しゅうかん》で、合計《ごうけい》11週間《しゅうかん》。
春休《はるやす》みが1週間《しゅうかん》なことと秋休《あきやす》みがあること以外《いがい》は、日本《にっぽん》とだいたい似《に》ている。

■カナダ（北《きた》アメリカ）

春休《はるやす》みが1週間《しゅうかん》、夏休《なつやす》みが6月下旬《がつげじゅん》から9月上旬《がつじょうじゅん》の10週間《しゅうかん》。秋休《あきやす》みはなくて、冬休《ふゆやす》みが2週間《しゅうかん》。合計《ごうけい》13週間《しゅうかん》だ。

■オーストラリア（オセアニア）

春休《はるやす》みが2週間《しゅうかん》、夏休《なつやす》みが6週間《しゅうかん》、秋休《あきやす》みが2週間《しゅうかん》、冬休《ふゆやす》みが2週間《しゅうかん》で、合計《ごうけい》12週間《しゅうかん》。
秋休《あきやす》みがあること以外《いがい》は日本《にっぽん》に近《ちか》い。

いちばん長《なが》い「夏休《なつやす》み」は12月《がつ》から1月《がつ》！

オーストラリアのある南半球《みなみはんきゅう》は、日本《にっぽん》がある北半球《きたはんきゅう》とは季節《きせつ》が逆転《ぎゃくてん》するから、12月《がつ》に夏《なつ》休《やす》みがあるんだ。逆《ぎゃく》に、冬休《ふゆやす》みは6月末《がつまつ》から7月中旬《がつちゅうじゅん》あたりになる。

■**アルゼンチン**（南《みなみ》アメリカ）

南半球《みなみはんきゅう》の国《くに》アルゼンチンの公立小学校《こうりつしょうがっこう》では、夏休《なつやす》みは12月《がつ》2週目《しゅうめ》から3月上旬《がつじょうじゅん》までの12週間《しゅうかん》。冬休《ふゆやす》みは7月半《がつなか》ばの2週間《しゅうかん》で、合計《ごうけい》14週間《しゅうかん》。

でも、ストライキが起《お》きて、週《しゅう》に2日《か》しか学校《がっこう》がないこともある。3月中《がっちゅう》に学校《がっこう》があった日《ひ》は合計《ごうけい》10日《か》だけ、なんてこともあるぐらいだ。

さらに、月《つき》に1～2日《か》は先生《せんせい》の会議《かいぎ》などで学校《がっこう》が休《やす》みになるし、年間《ねんかん》に19日間《にちかん》の祝日《しゅくじつ》がある。ほかにも、日曜日《にちようび》に選挙会場《せんきょかいじょう》として学校《がっこう》が使《つか》われるときは、翌日《よくじつ》の月曜日《げつようび》は掃除《そうじ》のため学校《がっこう》が休《やす》みになる！

■**アラブ首長国連邦《しゅちょうこくれんぽう》**（中東《ちゅうとう》）

春休《はるやす》みが2週間《しゅうかん》、夏休《なつやす》みがなんと11週間《しゅうかん》。秋休《あきやす》みはなくて、冬休《ふゆやす》みが3週間《しゅうかん》。合計《ごうけい》16週間《しゅうかん》のお休《やす》みがあるよ。

■**タイ**（アジア）

常夏《とこなつ》の国《くに》タイには四季《しき》の区別《くべつ》がないので「夏休《なつやす》み」のような呼《よ》び名《な》はないけれど、3月《がつ》中旬《ちゅうじゅん》から5月中旬《がつちゅうじゅん》の8週間《しゅうかん》と、9月下旬《がつげじゅん》から10月下旬《がつげじゅん》の2～4週間《しゅうかん》（学校《がっこう》により長《なが》さは変《か》わる）の、年《ねん》2回《かい》が長期休暇《ちょうききゅうか》になっている。1年《ねん》で合計《ごうけい》10～12週間《しゅうかん》の長期休暇《ちょうききゅうか》がある。

■カンボジア（アジア）

カンボジアも常夏《とこなつ》の国《くに》なので、季節《きせつ》の名前《なまえ》がつく長期休暇《ちょうききゅうか》はない。4月中旬《がつちゅうじゅん》の1～2週間《しゅうかん》が「ヴィッスマッカァ・トゥーイ（「小休《しょうやす》み」という意味《いみ》）」、8月《がつ》から9月《がつ》の8週間《しゅうかん》くらいが「ヴィッスマッカァ・トム（「大休《だいやす》み」という意味《いみ》）」と呼《よ》ばれるお休《やす》みだ。

まとまった休暇《きゅうか》は合計《ごうけい》10週間《しゅうかん》ほどだけれど、国民《こくみん》の祝日《しゅくじつ》が1年《ねん》に27日《にち》あるから、年間《ねんかん》のお休《やす》みの日《ひ》は多《おお》い。

■ネパール（南《みなみ》アジア）

首都《しゅと》カトマンズでは、春休《はるやす》みが2～3週間《しゅうかん》、夏休《なつやす》みが2週間程度《しゅうかんていど》、秋《あき》の「お祭《まつ》り休《やす》み」

が10月《がつ》前後《ぜんご》に4週間《しゅうかん》、冬休《ふゆやす》みが2週間《しゅうかん》で、合計《ごうけい》11週間程度《しゅうかんていど》。

ただし、ネパールは標高差《ひょうこうさ》が激《はげ》しい国《くに》で、亜熱帯《あねったい》から亜寒帯《あかんたい》までの気候《きこう》がぎゅっと集《あつ》まっている。ひとつの国《くに》の中《なか》でも、標高《ひょうこう》が変《か》わると気候《きこう》がまったく違《ちが》うので、学校《がっこう》や地域《ちいき》によって、お休《やす》みの長《なが》さが変《か》わるよ。

■アメリカ合衆国《がっしゅうこく》（北《きた》アメリカ）

夏休《なつやす》みは6月中旬《がつちゅうじゅん》から9月初旬《がつしょじゅん》までの約《やく》12週間《しゅうかん》。このほかに、11月下旬《がつげじゅん》の感謝祭休暇《かんしゃさいきゅうか》が1週間《しゅうかん》、12月下旬《がつげじゅん》のクリスマス休暇《きゅうか》が2週間《しゅうかん》、2月中旬《がつちゅうじゅん》の冬休《ふゆやす》みが1週間《しゅうかん》、4月上旬《がつじょうじゅん》の春《はる》休《やす》みが1週間《しゅうかん》あるよ。全部合《ぜんぶあ》わせて、1年《ねん》で17週間《しゅうかん》ものお休《やす》みがある！

1週間以上《しゅうかんいじょう》のお休《やす》みがあるとサマーキャンプに参加《さんか》する子《こ》どもが多《おお》いけれど（91ページ参照《さんしょう》）、11月《がつ》の末《すえ》とクリスマスは、学校《がっこう》だけでなく、多《おお》くの会社《かいしゃ》もお休《やす》みになる。家族《かぞく》や親戚《しんせき》で集《あつ》まって、ごちそうを食《た》べてゆっくり過《す》ごすよ。

お正月《しょうがつ》は1月1日《がつついたち》の当日《とうじつ》だけがお休《やす》みで、2日《か》から学校《がっこう》が始《はじ》まるんだ。

国《くに》や地域《ちいき》、気候《きこう》によって、長期休暇《ちょうききゅうか》の時期《じき》や期間《きかん》はそれぞれ違《ちが》う。

でも、こうして並《なら》べてみると、だいたいの国《くに》が日本《にっぽん》よりもずっとお休《やす》みの日《ひ》が多《おお》いことが、わかってしまったね……。

将来《しょうらい》のこと

オーストリア

一生《いっしょう》を決《き》める決断《けつだん》を10歳《さい》で迫《せま》られる国《くに》！

将来《しょうらい》、いったい何《なん》の仕事《しごと》につくか。

小学生《しょうがくせい》の時点《じてん》でだいたい決《き》めている人《ひと》もいるだろうし、もっと後《あと》で考《かんが》えよう、という人《ひと》もいるだろう。

だけどヨーロッパにあるオーストリアでは、ちょっと事情《じじょう》が違《ちが》う。

日本《にっぽん》でいう小学《しょうがく》5年生《ねんせい》になるときに、つまり4年生《ねんせい》の段階《だんかい》で「大学《だいがく》に進《すす》むための学校《がっこう》」か、「手《て》に職《しょく》をつけるための学校《がっこう》」かの、どちらに進《すす》むかを決《き》めなければいけない。

日本《にっぽん》では小学校《しょうがっこう》が6年間《ねんかん》、中学校《ちゅうがっこう》が3年間《ねんかん》、高校《こうこう》が3年間《ねんかん》だ。これを、各数字《かくすうじ》をつなげて「6・3・3制《せい》」という（大学《だいがく》を含《ふく》めて「6・3・3・4制《せい》」ということもある）。

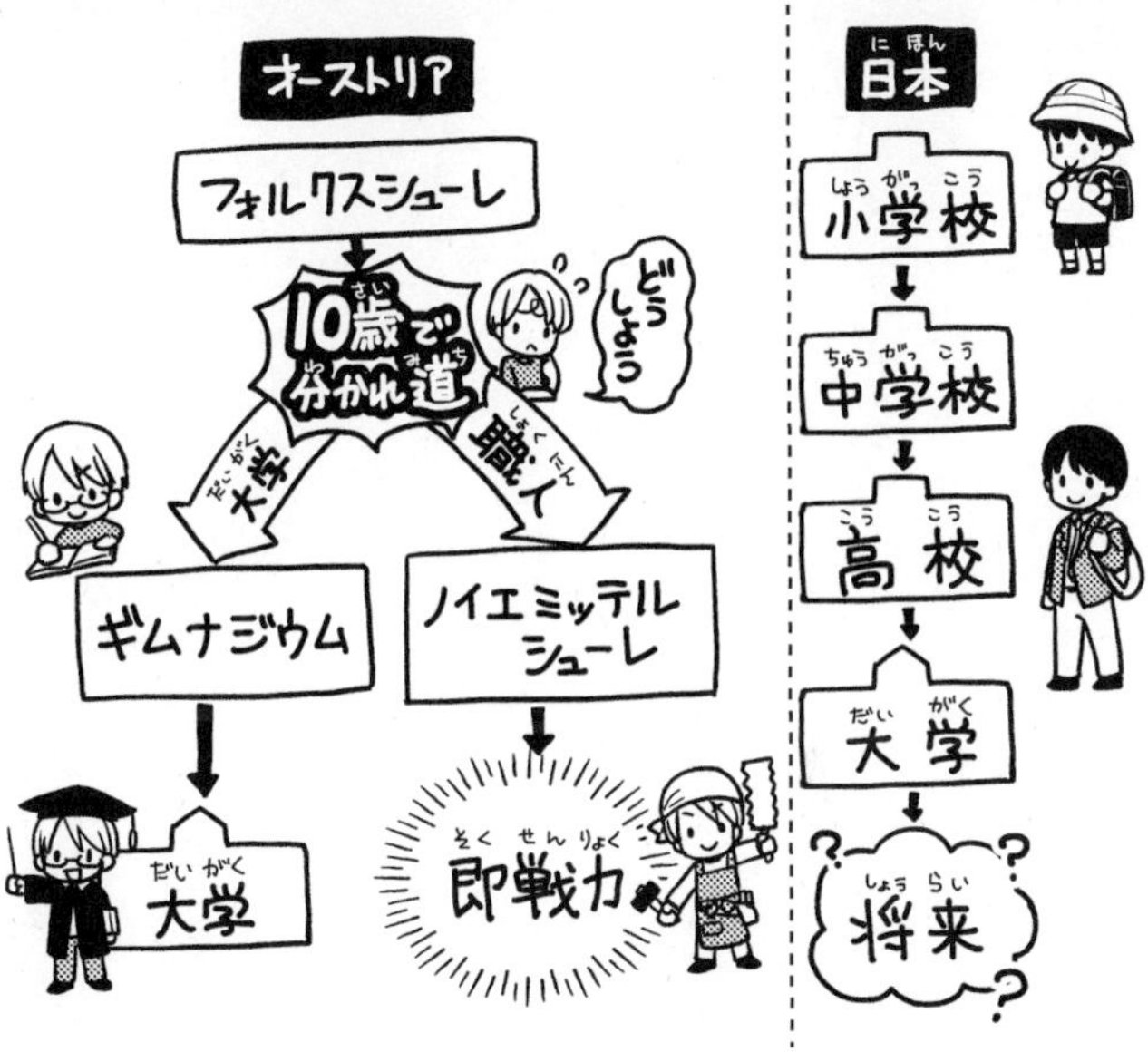

ところがオーストリアでは「4・4・4制」。小学校《しょうがっこう》が4年《ねん》で、中学《ちゅうがく》も高校《こうこう》も4年《ねん》ずつだ。

最初《さいしょ》に入《はい》る小学校《しょうがっこう》は「フォルクスシューレ（日本語《にほんご》に訳《やく》すと「国民学校《こくみんがっこう》」という意味《いみ》）」と呼《よ》ばれている。

そして、次《つぎ》に進《すす》む中学校《ちゅうがっこう》で、「大学《だいがく》に進《すす》むための学校《がっこう》」か「手《て》に職《しょく》をつけるための学《がっ》校《こう》」のどちらに進《すす》むかを決《き》めなければいけない。しかも、希望《きぼう》が絶対《ぜったい》に通《とお》るわけじゃない。「大学《だいがく》に進《すす》むための学校《がっこう》に行《い》きたい」と希望《きぼう》を出《だ》しても、成績《せいせき》によってふり落《お》とされることもある。かなり厳《きび》しい。

「手《て》に職《しょく》をつけるための中学校《ちゅうがっこう》」は、「ノイエミッテルシューレ」と呼《よ》ばれている。技術《ぎじゅつ》を身《み》につけ、それを活《い》かした仕事《しごと》につきたいという人《ひと》のための学校《がっこう》だ。

とはいえ、普通《ふつう》の勉強《べんきょう》をまったくしないわけではない。国語《こくご》（ドイツ語《ご》）、英語《えいご》、数学《すうがく》（算数《さんすう》）、政治経済《せいじけいざい》や歴史《れきし》（社会《しゃかい》）、自然科学《しぜんかがく》（理科《りか》）、音楽《おんがく》、体育《たいいく》などの授業《じゅぎょう》がある。これに加《くわ》えて、自分《じぶん》がなりたい職業《しょくぎょう》にかかわる専門的《せんもんてき》な授業《じゅぎょう》も受《う》ける。

たとえば「家具職人《かぐしょくにん》になりたい」という人《ひと》は、そのための基礎理論《きそりろん》や木《き》の種類《しゅるい》と特徴《とくちょう》なども学《まな》ぶ。２年目以降《ねんめいこう》は実習《じっしゅう》も増《ふ》えてくる。こうして、しっかり技術《ぎじゅつ》を習得《しゅうとく》しているから、高校《こうこう》を卒業《そつぎょう》してすぐに「即戦力《そくせんりょく》」として働《はたら》けるのだ。

「大学《だいがく》に進《すす》むための中学校《ちゅうがっこう》」は「ギムナジウム」という。授業《じゅぎょう》の内容《ないよう》は、日本《にっぽん》の中学《ちゅうがく》や高校《こう》とよく似《に》ている。

ただし、「大学《だいがく》に進《すす》むための学校《がっこう》」に進学《しんがく》した生徒《せいと》も、高校《こうこう》に進学《しんがく》するときに約《やく》80パーセントが「手《て》に職《しょく》をつけるための学校《がっこう》」に進路《しんろ》を変更《へんこう》する。大学《だいがく》に行《い》くよりも、何《なに》か技術《ぎじゅつ》を身《み》につけようと方向転換《ほうこうてんかん》する人《ひと》が多《おお》いのだ。

こんなふうに、高校《こうこう》でコースを変《か》えることもできるにはできる。でも、最初《さいしょ》の決断《けつだん》はやっぱり10歳《さい》。

もしもきみなら、どっちのコースを選《えら》ぶ？

将来《しょうらい》のこと

韓国《かんこく》

入試会場《にゅうしかいじょう》にパトカーで乗《の》り付《つ》ける!?

韓国《かんこく》には日本《にっぽん》のセンター試験《しけん》のような、「スヌン（修能《しゅうのう》）」と呼《よ》ばれる試験《しけん》がある（正式《せいしき》名称《めいしょう》は「大学修学能力試験《だいがくしゅうがくのうりょくしけん》」という）。大学《だいがく》の受験生《じゅけんせい》は「スヌン生《せい》」とも呼《よ》ばれる。

このスヌンは1日《にち》で全教科《ぜんきょうか》の試験《しけん》を行《おこな》うので、試験会場《しけんかいじょう》には午前《ごぜん》8時頃《じごろ》までに入《はい》らなければならない。そして遅《おく》れたら試験《しけん》は受《う》けられない。

理由《りゆう》が「交通渋滞《こうつうじゅうたい》」であったとしてもだ。

そこで、スヌンの日《ひ》の交通《こうつう》は、すべてにおいて受験生《じゅけんせい》が最優先《さいゆうせん》になる。

首都《しゅと》のソウルだと移動《いどう》に地下鉄《ちかてつ》やバスを利用《りよう》する受験生《じゅけんせい》が多《おお》いから、受験生《じゅけんせい》の移動時間《いどうじかん》に合《あ》わせて便《びん》を増《ふ》やす。役所《やくしょ》も、一般《いっぱん》の会社《かいしゃ》も、受験生《じゅけんせい》のジャマにならないように出勤《しゅっきん》を1時間遅《じかんおく》らせる。

こうすることで、受験生《じゅけんせい》たちは通勤《つうきん》ラッシュに巻《ま》き込《こ》まれることなく、時間通《じかんどお》りに会場《かいじょう》にたどりつける。

特《とく》に驚《おどろ》きなのは、パトカーが出動《しゅつどう》すること！　試験開始時間《しけんかいしじかん》に遅《おく》れそうな事態《じたい》が発生《はっせい》した場合《ばあい》、警察《けいさつ》に連絡《れんらく》するとパトカーがやってきて、会場《かいじょう》へ送《おく》り届《とど》けてくれるのだ。

ちなみに２０１７年《ねん》のスヌン当日《とうじつ》、受験生《じゅけんせい》のためにパトカーが出動《しゅつどう》した件数《けんすう》は、ソウルだけでなんと１６８件《けん》！

受験生《じゅけんせい》に配慮《はいりょ》してくれるのは、パトカーだけではない。英語《えいご》の「ヒアリング試験《しけん》（英語《えいご》の音声《おんせい》での聞《き》き取《と》りテスト）」が行《おこな》われる約《やく》30分《ぷん》の間《あいだ》は、飛行機《ひこうき》の離着陸《りちゃくりく》が許可《きょか》されない。「騒音《そうおん》で音声《おんせい》が聞《き》き取《と》れなかった」という事態《じたい》が起《お》こらないようにするためだ。

だから試験日《しけんび》の仁川空港《インチョンくうこう》のまわりの上空《じょうくう》には、何機《なんき》もの飛行機《ひこうき》がぐるぐると旋回《せんかい》して、ヒアリング試験《しけん》の終了《しゅうりょう》を待《ま》っている。

すごいのはこれだけじゃない。

大学入試《だいがくにゅうし》の当日《とうじつ》、高校《こうこう》や予備校《よびこう》の先生《せんせい》が校門《こうもん》の前《まえ》で待《ま》っていて、やってくる教《おし》え子《ご》たちを激励《げきれい》するのは日本《にっぽん》にもある光景《こうけい》だったりするし、私立中学《しりつちゅうがく》の入試《にゅうし》でも進学塾《しんがくじゅく》の先生《せんせい》が待《ま》

っていることもあるだろう。

でも韓国《かんこく》はさらに強烈《きょうれつ》。

なんと試験会場《しけんかいじょう》の入《い》り口《ぐち》に学校《がっこう》の先生《せんせい》や後《こう》輩《はい》、塾《じゅく》の先生《せんせい》が陣取《じんど》って待《ま》っている。後輩《こうはい》たちは太鼓《たいこ》や鐘《かね》を持参《じさん》して先輩《せんぱい》の受験生《じゅけんせい》が入場《にゅうじょう》する度《たび》にドンドンと叩《たた》いて、歌《うた》を歌《うた》って応援《おうえん》するんだ。

なぜこんなに大学受験《だいがくじゅけん》が重視《じゅうし》されているかというと、韓国《かんこく》が日本以上《にっぽんいじょう》の学歴社会《がくれきしゃかい》だからだ。受験《じゅけん》が一生《いっしょう》を左右《さゆう》するとされているから、韓国《かんこく》では子《こ》どもの頃《ころ》からいくつもの塾《じゅく》に通《かよ》う人《ひと》が多《おお》い。

さらに、英語《えいご》を身《み》につけるために頻繁《ひんぱん》に語《ご》学留学《がくりゅうがく》したりもする。仕事《しごと》があるお父《とう》さんだけ韓国《かんこく》に残《のこ》り、お母《かあ》さんが子《こ》どもたちを連《つ》れてアメリカ合衆国《がっしゅうこく》やオーストラリアに語学留《ごがくりゅう》学《がく》するという家庭《かてい》も多《おお》い。

そうやって長《なが》い期間準備《きかんじゅんび》して迎《むか》えるクライマックスが、スヌンの日《ひ》なのだ。

世界《せかい》の誕生日会《たんじょうびかい》

オーストリア

誕生日会《たんじょうびかい》の会場《かいじょう》は、マリー・アントワネットも住《す》んでたホンモノの宮殿《きゅうでん》!?

ヨーロッパのオーストリアでは、「お姫様《ひめさま》になりたい」「王子様《おうじさま》になりたい」という夢《ゆめ》が叶《かな》う！　数百年《すうひゃくねん》の歴史《れきし》がある本物《ほんもの》の宮殿《きゅうでん》の中《なか》で、ドレスや豪華《ごうか》な衣装《いしょう》を着《き》て、誕生日会《たんじょうびかい》を開《ひら》くことができるのだ。

会場《かいじょう》にできる宮殿《きゅうでん》はいくつかあるけれど、いちばん人気《にんき》は「シェーンブルン宮殿《きゅうでん》」。街《まち》の中心《ちゅうしん》から少《すこ》し外《はず》れたところにあるシェーンブルン宮殿《きゅうでん》は、ハプスブルク家《け》の夏《なつ》の離宮《りきゅう》（避暑地《ひしょち》）。広大《こうだい》な庭園《ていえん》の中《なか》には、温室《おんしつ》や動物園《どうぶつえん》まである。

有名《ゆうめい》な作曲家《さっきょくか》モーツァルトが、6歳《さい》のときに演奏会《えんそうかい》を開《ひら》いたのもこの宮殿《きゅうでん》だ。そのとき、のちにフランス王妃《おうひ》になる、当時《とうじ》7歳《さい》の皇女《こうじょ》マリー・アントワネットに求婚《きゅうこん》したと言《い》われている。歴史的《れきしてき》なエピソードの現場《げんば》でもあるんだ。

そのシェーンブルン宮殿《きゅうでん》でできるのは、当時《とうじ》の王子《おうじ》や王女《おうじょ》、貴族《きぞく》になりきる「マリア・テレジア・パーティー」だ。「マリア・テレジア」は、マリー・アントワネットの母親《ははおや》で、ハプスブルク帝国《ていこく》を実質的《じっしつてき》に治《おさ》めた「女帝《じょてい》」だよ。


誕生日会《たんじょうびかい》の集合場所《しゅうごうばしょ》は、もちろん宮殿《きゅうでん》。係《かかり》の人《ひと》の手《て》によって、誕生日《たんじょうび》の人《ひと》と招待客全員《しょうたいきゃくぜんいん》が、王子様《おうじさま》やお姫様《ひめさま》、貴族《きぞく》などの衣装《いしょう》に着替《きが》える。メイクや髪形《かみがた》のセットももちろんバッチリしてもらう。

着替《きが》えが終《お》わると、今度《こんど》は「謁見《えっけん》」の時間《じかん》だ。誕生日《たんじょうび》の主役《しゅやく》が玉座《ぎょくざ》につき、貴族衣装《きぞくいしょう》の友《とも》だちがその前《まえ》に並《なら》ぶ。そして係《かかり》の人《ひと》に教《おし》えてもらった「宮廷《きゅうてい》のお作法《さほう》」に従《したが》って、深々《ふかぶか》とお辞儀《じぎ》をして、手《て》の甲《こう》にキスをして、「アレス・グーテ・ツム・ゲブルツターク！（お誕生日《たんじょうび》おめでとう！）」とお祝《いわ》いの言葉《ことば》を言《い》う。

次《つぎ》に、衣装《いしょう》を着《き》たままで、シェーンブルン宮殿《きゅうでん》を探索《たんさく》する。

実際《じっさい》の歴史上《れきしじょう》の人物《じんぶつ》が生活《せいかつ》した部屋《へや》や、舞踏会《ぶとうかい》を開《ひら》いた広間《ひろま》を見《み》て回《まわ》り、３００年前《ねんまえ》の

世界《せかい》にタイムトリップしたような気分《きぶん》が味《あじ》わえる。もし自分《じぶん》が本当《ほんとう》にお姫様《ひめさま》だったら、王子様《おうじさま》だったら、と想像《そうぞう》が膨《ふく》らんじゃう！
宮殿《きゅうでん》の部屋《へや》では、さらに、衛兵《えいへい》ごっこをしたり、木製《もくせい》の馬《うま》に乗《の》ったり、当時《とうじ》の王子《おうじ》・王女《おうじょ》たちが実際《じっさい》にしていた遊《あそ》びを楽《たの》しむ。ほかにも豪華《ごうか》なお皿《さら》やお花《はな》、宮廷料理《きゅうていりょうり》が並《なら》んだテーブルに座《すわ》ったりして、宮廷《きゅうてい》の暮《く》らしを体験《たいけん》する。
最後《さいご》はみんなで誕生日《たんじょうび》ケーキを食《た》べて、「マリア・テレジア・パーティー」はフィナーレを迎《むか》える。
こんなすごい誕生日会《たんじょうびかい》、いったいいくらお

金《かね》がかかると思《おも》う？

お値段《ねだん》は、曜日《ようび》や人数《にんずう》、ケーキを持《も》ち込《こ》みにするかどうかによっても変《か》わるけれど、「休日《きゅうじつ》・11人《にん》以上《いじょう》参加《さんか》・ソーセージの軽食《けいしょく》とケーキ付《つ》き」だと、1人《ひとり》あたり約《やく》3000円《えん》かかる。

ちょっと高《たか》く感《かん》じるかもしれないけれど、実際《じっさい》の宮殿《きゅうでん》で当時《とうじ》と同《おな》じ衣装《いしょう》を着《き》て、お姫様《ひめさま》、王子様《おうじさま》、貴族《きぞく》になりきるのはほかではそうそうできる体験《たいけん》ではない。

大人気《だいにんき》で、数《すう》か月前《げつまえ》から予約《よやく》が必要《ひつよう》なんだ。

実際《じっさい》の宮殿《きゅうでん》でできる体験《たいけん》は、この「マリア・テレジア・パーティー」のほかにもある。

宮殿敷地内《きゅうでんしきちない》にある動物園《どうぶつえん》でのパーティーや、庭園《ていえん》にある巨大迷路探索《きょだいめいろたんさく》、歴史謎解《れきしなぞと》きラリーなど、いろいろな種類《しゅるい》の体験《たいけん》が楽《たの》しめるよ。

世界《せかい》の
誕生日会《たんじょうびかい》

タイ

誕《たん》生《じょう》日《び》の子《こ》がみんなにプレゼントを配《くば》る。なぜ？

誕生日《たんじょうび》はプレゼントをもらう日《ひ》とは限《かぎ》らない。
世界《せかい》の中《なか》には、誕生日《たんじょうび》の人《ひと》がみんなにプレゼントを配《くば》らなくてはいけない国《くに》がある。
それは東南《とうなん》アジアの国《くに》「タイ」だ。

タイの小学校《しょうがっこう》では、自分《じぶん》の誕生日《たんじょうび》にプレゼントをクラス全員《ぜんいん》に配《くば》る。

プレゼントといっても、だいたいはほんの小《ちい》さなお菓子《かし》や文房具《ぶんぼうぐ》などの、ちょっとしたもの。だけど、学校《がっこう》によっては「バースデーケーキを持《も》ってくること！」というすごい掟《おきて》があったりもする。クラス全員《ぜんいん》に配《くば》れるケーキというと、かなりの大《おお》きさだよね。

担任《たんにん》の先生《せんせい》が授業中《じゅぎょうちゅう》、特別《とくべつ》に時間《じかん》を用意《ようい》して、みんなで誕生日《たんじょうび》をお祝《いわ》いするんだ。

家《いえ》に友《とも》だちを呼《よ》んで開《ひら》く誕生日会《たんじょうびかい》もすごい。できるだけ盛大《せいだい》にやるのがいいとされているから、親《した》しい友《とも》だちには片《かた》っぱしから声《こえ》をかけておく。

家《いえ》では、とびっきりのごちそうを用意《ようい》してみんなを迎《むか》える。おいしい料理《りょうり》に色《いろ》とりどりのお菓子《かし》、もちろんバースデーケーキが欠《か》かせないのは日本《にっぽん》と同《おな》じだ。

家《いえ》での誕生日会《たんじょうびかい》には参加者《さんかしゃ》がプレゼントを持《も》ってきてくれる。タイの人《ひと》たちは、いい格好《かっこう》をすることが大好《だいす》き。だから、みんな大《おお》きなサイズのプレゼントを持《も》ってきてくれる！　パーティー会場《かいじょう》には、プレゼントが山積《やまづ》みになるよ。

でも、家《いえ》によっては、もらったプレゼントを参加者全員《さんかしゃぜんいん》でクジ引《び》きをして、ひとつずつ持《も》って帰《かえ》ってもらうこともある。

タイで主役《しゅやく》のはずの誕生日《たんじょうび》の人《ひと》がみんなにプレゼントを配《くば》ったり、クジ引《び》きでプレゼントし返《かえ》したり、ごちそうしたりすることには、２つの意味《いみ》がある。

ひとつは「みんなのおかげで大《おお》きくなれました」という感謝《かんしゃ》の気持《きも》ちを伝《つた》えるため。

もうひとつは、タイではほとんどの人《ひと》が仏教《ぶっきょう》を信仰《しんこう》していて、「いいことをすると開祖《かいそ》であるお釈迦様《しゃかさま》から幸《しあわ》せをもらえる」と信《しん》じているからだ。この「いいこと」は「ブン」と呼《よ》ばれている。自分《じぶん》にとって特《とく》に大切《たいせつ》な記念日《きねんび》である誕生日《たんじょうび》に「ブン」をたくさん集《あつ》めれば、それだけ多《おお》くの幸《しあわ》せを受《う》けとることができる、という理屈《りくつ》だ。

タイは世界《せかい》の人《ひと》たちから「ほほえみの国《くに》」と呼《よ》ばれていて、外国人《がいこくじん》にもニコニコしながら親切《しんせつ》にしてくれる。それで私《わたし》たちも幸《しあわ》せになるし、タイの人《ひと》たちも「ブン」を集《あつ》めて幸《しあわ》せになれるのだ。

タイの誕生日《たんじょうび》にまつわる話《はなし》でもうひとつ興味深《きょうみぶか》いのが、誰《だれ》もが自分《じぶん》の「誕生曜日《たんじょうようび》」を覚《おぼ》えているということだ。つまり、みんな「自分《じぶん》が何曜日《なんようび》に生《う》まれたか」を即答《そくとう》できる。日本《にっぽん》でいうと、自分《じぶん》の「星座《せいざ》」や「血液型《けつえきがた》」を知《し》っているのに近《ちか》いぐらいの常識《じょうしき》だよ。

曜日《ようび》には、それぞれ色《いろ》が決《き》まっている。月曜《げつよう》＝黄《き》、火曜《かよう》＝ピンク、水曜《すいよう》＝緑《みどり》、木曜《もくよう》＝オレンジ、金曜《きんよう》＝青《あお》、土曜《どよう》＝紫《むらさき》、日曜《にちよう》＝赤《あか》だ。

タイでは前《まえ》の王様《おうさま》も、今《いま》の王様《おうさま》も、誕生曜日《たんじょうようび》は月曜《げつよう》。だから毎週月曜日《まいしゅうげつようび》には王様《おうさま》の誕生《たんじょう》曜日《ようび》を祝《いわ》うために、みんなで黄色《きいろ》のシャツを着《き》る。

王様《おうさま》のお祝《いわ》いごとが重《かさ》なると、街中《まちじゅう》が黄色《きいろ》いシャツを着《き》た人《ひと》で埋《う》めつくされることもあるんだよ。

世界《せかい》の誕生日会《たんじょうびかい》

オーストラリア

自宅《じたく》プールや移動動物園《いどうどうぶつえん》、消防車《しょうぼうしゃ》や2階建《かいだ》てバスで超《ちょう》ド派手《はで》な誕生日会《たんじょうびかい》！

家《いえ》のプールで誕生日会《たんじょうびかい》！
そんなセレブな誕生日会《たんじょうびかい》が普通《ふつう》に行《おこな》われる場所《ばしょ》が、世界《せかい》にはある。
オーストラリアのブリスベンだ。セレブが集《あつ》まる街《まち》なのかというと、そんなこともない。

まず、そもそも家《いえ》の敷地《しきち》が、日本《にっぽん》にくらべてずっと広《ひろ》い。

オーストラリアの国土《こくど》は日本《にっぽん》の20倍《ばい》あって、人口《じんこう》は5分《ぶん》の1しかいない。だから広《ひろ》い庭《にわ》にプールを作《つく》ることができる。

しかもブリスベンは亜熱帯気候《あねったいきこう》で、1年《ねん》の半分《はんぶん》くらいは気持《きも》ちよく水遊《みずあそ》びができる。庭《にわ》にプールがあれば長《なが》い期間遊《きかんあそ》ぶことができて、無駄《むだ》にならない。というわけで2〜3軒《けん》に

1軒《けん》は家《いえ》にプールがある。

とはいっても、学校《がっこう》のプールのように25メートルの長《なが》さがあるわけじゃなく、だいたい6×3メートルくらいの大《おお》きさだ。小《ちい》さいと3×3メートルくらいのものもある。

そんなに小《ちい》さいプールじゃ泳《およ》げないと思《おも》うかもしれないけれど、泳《およ》ぐ以外《いがい》にもプールの楽《たの》しみ方《かた》があるんだ。

プール誕生日《たんじょうび》パーティーでいちばん人気《にんき》の遊《あそ》びは、プールの縁《ふち》にトランポリンを置《お》いて、ジャンプしてからザップ〜ンと飛《と》び込《こ》むこと。

「ジャンプしながら変《へん》なポーズをする」とか「変《へん》なことを言《い》う」とかあれこれルールを決《き》めたりして遊《あそ》ぶ。これが全然《ぜんぜん》飽《あ》きなくて、ずーっと続《つづ》けることもできちゃう。


家《いえ》で開《ひら》くすごい誕生日会《たんじょうびかい》は、プールパーティーだけじゃない。

たとえば「移動動物園《いどうどうぶつえん》」。ウサギとかモルモットといった小動物《しょうどうぶつ》から、ヘビや大型《おおがた》のトカゲまで、様々《さまざま》な動物《どうぶつ》を専用《せんよう》トラックに載《の》せてやってくる。

動物《どうぶつ》たちを撫《な》でたり抱《だ》っこしたりという「癒《いや》し系《けい》」のアトラクションだ。ヘビとかが苦《にが》

手《て》な人《ひと》だと「絶叫系《ぜっきょうけい》」になるかもしれないけど。

ほかにも空気《くうき》で膨《ふく》らませる巨大《きょだい》な城《しろ》「ジャンピングキャッスル」の業者《ぎょうしゃ》を呼《よ》んで、庭《にわ》に設置《せっち》してもらうこともできる。

高《たか》さは3メートルで、幅《はば》は5メートル。ビニール素材《そざい》でできていて、中《なか》に空気《くうき》が入《はい》っている「エア遊具《ゆうぐ》」の一種《いっしゅ》だ。この上《うえ》で飛《と》んだり跳《は》ねたりできるし、すべり台《だい》がついていることもある。

この2つは、低学年《ていがくねん》にも人気《にんき》のアトラクション。すでに誰《だれ》かの誕生日会《たんじょうびかい》で経験《けいけん》している人《ひと》も多《おお》いから、高学年《こうがくねん》になるとさらに凝《こ》ったものを呼《よ》びたくなる。

そんなときにちょうどいいのが、「ちょっと変《か》わった車《くるま》のレンタル」だ。普通《ふつう》のレンタカー店《てん》じゃなくて専門《せんもん》の業者《ぎょうしゃ》がいて、クラシックカーやスポーツカーをレンタルできる。大勢《おおぜい》を呼《よ》ぶ誕生日会《たんじょうびかい》で人気《にんき》なのは大型《おおがた》のもの。たとえば「消防車《しょうぼうしゃ》」とか「2階建《かいだ》てバス」など。どちらも、かつては消防署《しょうぼうしょ》やバス会社《がいしゃ》で実際《じっさい》に使《つか》われていた本物《ほんもの》だ。型《かた》が古《ふる》くなったため現役《げんえき》を引退《いんたい》し、こうした誕生日会《たんじょうびかい》や結婚式《けっこんしき》のお祝《いわ》い、そして高校《こうこう》の卒業《そつぎょう》パーティーで活躍中《かつやくちゅう》なんだ。

現役《げんえき》を引退《いんたい》しているとはいえ、もちろん今《いま》でもナンバープレートがついているから、道路《どうろ》を走《はし》ることもできる。特《とく》にたくさんの人《ひと》が乗《の》り込《こ》める2階建《かいだ》てバスは、パーティーの参加者全員《さんかしゃぜんいん》を乗《の》せて道路《どうろ》を走《はし》ることも可能《かのう》。

オーストラリアの誕生日会《たんじょうびかい》は、いろんなことができて、豪華《ごうか》で派手《はで》！　でも自分《じぶん》の誕生日《たんじょうび》のアイディアを考《かんが》えるのは、大変《たいへん》かもしれない。

イギリス

ボルダリング場《じょう》や光線銃《こうせんじゅう》で戦《たたか》う誕生日会《たんじょうびかい》!?

ボルダリングって知《し》ってる？　２０２０年東京《ねんとうきょう》オリンピックでも行《おこな》われる競技《きょうぎ》「スポーツクライミング」の種目《しゅもく》のひとつで、ロッククライミングに近《ちか》いけれど、命綱《いのちづな》はつけない。もともと自然《しぜん》の岩《いわ》などをよじ登《のぼ》るものだったけれど、最近《さいきん》では屋内《おくない》で気軽《きがる》にできるスポーツになっているよ。

今《いま》、イギリスでは、ボルダリング場《じょう》で誕生日《たんじょうび》パーティーをするのが大人気《だいにんき》なんだ。

イギリスはサッカーやラグビーが生《う》まれた国《くに》で、スポーツが盛《さか》ん。それなのにどうしてわざわざボルダリング場《じょう》で誕生日会《たんじょうびかい》をするのか？

その理由《りゆう》は、イギリスの「暗《くら》い、寒《さむ》い、雨《あめ》が多《おお》い」という気候《きこう》に関係《かんけい》している。

緯度《いど》が高《たか》いイギリスでは、冬《ふゆ》は午後《ごご》3時半《じはん》には真《ま》っ暗《くら》になってしまう。気温《きおん》だって低《ひく》くて寒《さむ》い。比較的南《ひかくてきみなみ》に位置《いち》するロンドンでさえも12〜2月《がつ》の平均最高気温《へいきんさいこうきおん》は8度《ど》、平均最低気温《へいきんさいていきおん》は2度《ど》で、氷点下《ひょうてんか》になることも珍《めずら》しくない。11月《がつ》から3月《がつ》は寒《さむ》くて暗《くら》いから、外遊《そとあそ》びがほとんどできない。だから室内《しつない》でも思《おも》いっきり体《からだ》が動《うご》かせて、スポーツが苦手《にがて》な人《ひと》でも参加《さんか》しやすいボルダリングが人気《にんき》になったんだ。

もちろんボルダリングは冬《ふゆ》だけじゃなく、一年中人気《ねんじゅうにんき》がある。イギリスはいちばん暑《あつ》い7月《がつ》でも平均最高気温《へいきんさいこうきおん》は22度《ど》（ロンドン）で、夏《なつ》でも気温《きおん》が下《さ》がって肌寒《はだざむ》い日《ひ》が多《おお》い。さらに一年中雨《ねんじゅうあめ》が多《おお》い。だから、天候《てんこう》に左右《さゆう》されない室内《しつない》で誕生日会《たんじょうびかい》を開《ひら》くほうが安心《あんしん》なんだ。

ボルダリングパーティーがどんなものなのかというと、まずボルダリング専用《せんよう》の靴《くつ》やヘルメットを身《み》につける。次《つぎ》にインストラクターから注意事項《ちゅういじこう》を聞《き》く。そしていよいよ4〜5人《にん》ずつのグループに分《わ》かれて挑戦《ちょうせん》だ。目標《もくひょう》はいちばん上《うえ》まで登《のぼ》って、てっぺんにあるベルを鳴《な》らすこと。できたら気分《きぶん》は最高《さいこう》だ！

屋内《おくない》のボルダリング場《じょう》にはキックボードやスケートボードを楽《たの》しめるスペースもある。

様々《さまざま》なスポーツをみんなで楽《たの》しんだあと、パーティールームに移動《いどう》して、ピザやバースデーケーキを食《た》べるんだ。

そのほかにも、屋内《おくない》アスレチックのような「ソフトプレイ」と呼《よ》ばれる施設《しせつ》も人気《にんき》だ。ローラースケートやインラインスケートをしたり、キックバイクに乗《の》ったりもできるよ。お値段《ねだん》はサンドウィッチや紙《かみ》パックのジュースがついて、一人《ひとり》あたり約《やく》750円《えん》だ。


このほかにも、男子《だんし》に人気《にんき》なのは、チームに分《わ》かれてペイント弾《だん》を撃《う》ち合《あ》う「ペイントボール」や、光線銃《こうせんじゅう》を撃《う》ち合《あ》う「レーザータグ」。いずれもシューティングゲームのリアル版《ばん》といった感《かん》じだ。

3×4メートルくらいのトランポリンが何十台《なんだい》も並《なら》んで、大人数《おおにんずう》が同時《どうじ》に楽《たの》しめる「トランポリンパーク」も人気《にんき》がある。

女子《じょし》には、「お菓子作《かしづく》り体験教室《たいけんきょうしつ》」でやる誕生日会《たんじょうびかい》なんかも人気《にんき》だよ。

世界《せかい》の
誕生日会《たんじょうびかい》

アメリカ合衆国《がっしゅうこく》

誕《たん》生《じょう》日《び》会《かい》のやり方《かた》が無《む》限《げん》にある!?

アメリカの誕生日会《たんじょうびかい》は、自宅《じたく》で開《ひら》くパーティーの場合《ばあい》、誕生日《たんじょうび》の子《こ》がテーマを決《き》めることがある。たとえば「動物《どうぶつ》」「色《いろ》」「海《うみ》」「虹《にじ》」「恐竜《きょうりゅう》」「スポーツ」、「ゲームのキャラクター」や「ヒーロー映画《えいが》」、「アニメのプリンセス」など。

まずはそのテーマにちなんだ招待状《しょうたいじょう》をカードにして手渡《てわた》したり、親《おや》がメールで送《おく》ったりする。そしてパーティー会場《かいじょう》になる家《いえ》の中《なか》は、風船《ふうせん》や旗《はた》、食器《しょっき》やテーブルクロスなんかもテーマにそろえる。招待《しょうたい》された子《こ》たちがみんなテーマに合《あ》わせた格好《かっこう》をして、パーティーを盛《も》り上《あ》げることもある。

習《なら》い事《ごと》の教室《きょうしつ》を貸《か》し切《き》ってパーティーをすることもある。体操《たいそう》、ダンス、空手《からて》、絵画《かいが》、音楽《おんがく》、演劇《えんげき》、陶芸《とうげい》、各種《かくしゅ》スポーツの教室《きょうしつ》だ。教室《きょうしつ》の先生《せんせい》にあれこれ習《なら》って、みんなで楽《たの》しむんだ。

ほかにも、ゲームセンター、プール、サーカス、アイススケート、ボルダリング、ボウリング、動物園《どうぶつえん》、水族館《すいぞくかん》、遊園地《ゆうえんち》、農園《のうえん》、博物館《はくぶつかん》などの施設《しせつ》を借《か》りてパーティーをすることもある。習《なら》い事《ごと》の教室《きょうしつ》のように施設全体《しせつぜんたい》を貸《か》し切《き》りにすることはできないけれど、それぞれ、誕生日会《たんじょうびかいよう》用の個室《こしつ》がきちんと用意《ようい》されているよ。

特《とく》に「バウンスハウス」と呼《よ》ばれる屋内遊園地《おくないゆうえんち》は、誕生日会《たんじょうびかい》の会場《かいじょう》として大人気《だいにんき》。空気《くうき》で膨《ふく》らませた大型《おおがた》の遊具《ゆうぐ》がたくさんあって、すべり台《だい》やトンネルがついたもの、障害物《しょうがいぶつ》を乗《の》り越《こ》えてゴールするチャレンジ・ゲーム要素《ようそ》のあるものなど、たっぷり遊《あそ》べる。

どこが会場《かいじょう》でも、めいっぱい遊《あそ》んだあとは、お待《ま》ちかねの誕生日《たんじょうび》ケーキ！

これもテーマに合《あ》わせて用意《ようい》する。アメリカの誕生日《たんじょうび》ケーキは表面《ひょうめん》が平《たい》らで大《おお》きな四角《しかく》いケーキが一般的《いっぱんてき》。表面《ひょうめん》には誕生日《たんじょうび》の子《こ》が好《す》きなキャラクターやモチーフを、青《あお》、緑《みどり》、赤《あか》、紫《むらさき》、黄色《きいろ》などを使《つか》ってカラフルに描《か》くよ。

青《あお》や緑《みどり》のケーキと聞《き》くと驚《おどろ》くかもしれない。だがアメリカではこれが普通《ふつう》だ。日本《にっぽん》では珍《めずら》しい四角《しかく》いケーキはたくさんの人数分《にんずうぶん》に切《き》り分《わ》けやすくて、合理的《ごうりてき》なんだ。

暖《あたた》かい季節《きせつ》には、近所《きんじょ》の公園《こうえん》やビーチで誕生日会《たんじょうびかい》を開《ひら》くこともあるよ。ピザやバーベキューが定番《ていばん》メニュー！　家《いえ》の庭《にわ》を会場《かいじょう》にするときは、大型《おおがた》のエア遊具《ゆうぐ》をレンタルしたり、ピエロや手品師《てじなし》を呼《よ》んだりすることもある。

学校《がっこう》では、タイと同《おな》じように、誕生日《たんじょうび》の人《ひと》がカップケーキやドーナツ、キャンディー、チョコレート、クッキーや、ちょっとしたプレゼントをみんなに配《くば》る。自分《じぶん》で作《つく》った石《せっ》けんやロウソク、手作《てづく》りのお菓子《かし》を、リボンをつけてきれいにラッピングして配《くば》る子《こ》もいるよ。

アメリカやタイ以外《いがい》にも、「お菓子《かし》やプレゼントを誕生日《たんじょうび》の人《ひと》が用意《ようい》して、みんなに祝《いわ》ってもらう」という国《くに》がある。インドネシア、ネパール、アラブ首長国連邦《しゅちょうこくれんぽう》、ルーマニア、ドイツ、オーストリア、スイス、オランダ、スペイン、イギリス、アイルランド、ブラジル、アルゼンチン、ペルー、オーストラリアなどだ。

世界《せかい》のごはん

インド

昼《ひる》も夜《よる》も毎日《まいにち》カレー！　それでも全然《ぜんぜん》飽《あ》きない理由《りゆう》

外国《がいこく》にも広《ひろ》く知《し》られている日本料理《にほんりょうり》といえば、「スシ」。日本人《にっぽんじん》は毎日《まいにち》スシを食《た》べていると思《おも》っている外国人《がいこくじん》もいるぐらいだ。

同《おな》じように、インド料理《りょうり》といえば「カレー」！　とはいっても別《べつ》に毎日《まいにち》カレーを食《た》べているわけじゃない。……と思《おも》いきや、意外《いがい》に毎日《まいにち》カレーを食《た》べている。

インド料理《りょうり》ではカレーの種類《しゅるい》がとにかく多《おお》い。たとえばホウレンソウとカッテージチーズのカレー「パラックパニール」。

ヒンディー語《ご》で「パラック」はホウレンソウ、「パニール」はカッテージチーズの意味《いみ》。

ゆでたホウレンソウをミキサーでペースト状《じょう》にして煮込《にこ》んで作《つく》る、緑色《みどりいろ》のカレーだ。

トマトベースの赤《あか》いカレーもある。代表的《だいひょうてき》なのは鶏肉《とりにく》を入《い》れた「チキンバターマサラ」。バターを煮詰《につ》めて作《つく》る「ギー」というオイルをたっぷり入《い》れた、マイルドなカレーだ。オクラのカレーもある。「ビンディマサラ」といって、「ビンディ」が「オクラ」の意味《いみ》だ。

サトイモなど、『日本《にっぽん》でよく食《た》べられているけれどカレーに入《はい》っているのは見《み》たことがない』食材《しょくざい》も、インドではカレーの具《ぐ》になっている。ヒヨコマメなどの豆類《まめるい》を具《ぐ》にしたカレーもある。

野菜《やさい》や、豆《まめ》のカレーの種類《しゅるい》がたくさんあるなら、きっといろんな肉《にく》のカレーもあるんだろう、と思《おも》うだろうけど、実《じつ》はあまりない。鶏肉《とりにく》のほかには、マトン（羊《ひつじ》の肉《にく》）を使《つか》った「ひき肉《にく》」のカレー「キーマカレー」くらいだ。

日本《にっぽん》でひき肉《にく》というと、牛肉《ぎゅうにく》や豚肉《ぶたにく》、またはその両方《りょうほう》を合《あ》わせた「合《あ》いびき肉《にく》」を思《おも》い浮《う》かべるかもしれないけど、インドではほぼ100パーセント見《み》ることがない。

というのは、インド人《じん》の約《やく》8割《わり》が信《しん》じているヒンドゥー教《きょう》では、牛《うし》は「神《かみ》の使《つか》い」とされる神聖《しんせい》な生《い》き物《もの》なので、肉《にく》を食《た》べたりはしないからだ。

そして豚肉《ぶたにく》を食《た》べることは、インドの約《やく》13パーセントの人《ひと》が信《しん》じているイスラム教《きょう》で「タブー（禁《きん》じられたもの）」とされている。

イスラム教徒《きょうと》ではない残《のこ》りの87パーセントのインド人《じん》も、豚《ぶた》は「不浄《ふじょう》（きれいではない）」な動物《どうぶつ》と考《かんが》える人《ひと》がたくさんいて、肉《にく》を食《た》べないんだ。

だから、インドのハンバーガーショップのメニューは、牛肉《ぎゅうにく》を使《つか》ったハンバーガーも、豚肉《ぶたにく》を使《つか》ったベーコンバーガーもない。チキンバーガーのような、鶏肉《とりにく》を使《つか》ったメニューのみだ。


インドカレーは「ナン」と一緒《いっしょ》に食《た》べる印象《いんしょう》が強《つよ》いけれど、実《じつ》はナンはインドでも「レストランでしか食《た》べられないパン」なんだ。ナンを焼《や》くには、特別《とくべつ》なかまどが必要《ひつよう》で、家《いえ》で作《つく》ることはできない。家《いえ》では薄焼《うすや》きパンの「チャパティ」と一緒《いっしょ》に食《た》べるよ。インド南《なん》部《ぶ》では、お米《こめ》と一緒《いっしょ》に食《た》べることもある。

「パラックパニール」や「ビンディマサラ」のように、インドのカレーはメインの食材《しょくざい》がそのまま料理名《りょうりめい》になっていることが多《おお》い。さらにチーズを入《い》れたり、バターを加《くわ》えたりと、ひとくちにカレーといっても、味《あじ》がそれぞれ違《ちが》う。

だから「毎日昼《まいにちひる》も夜《よる》もカレー」でも飽《あ》きないんだ。日本食《にほんしょく》でいうと、具《ぐ》の種類《しゅるい》がたくさんあるから毎食食《まいしょくた》べても飽《あ》きない「みそ汁《しる》」みたいな感《かん》じだね。

「昼《ひる》も夜《よる》もカレー」なら、朝《あさ》は何《なに》を食《た》べているのか？　というと、スパイスで味《あじ》つけしたじゃがいもを、小麦粉《こむぎこ》で作《つく》った皮《かわ》で三角形《さんかくけい》に包《つつ》んで揚《あ》げた「サモサ」や、玉《たま》ねぎや豆《まめ》を小麦粉《こむぎこ》で作《つく》った厚《あつ》めの皮《かわ》で丸《まる》く包《つつ》んで揚《あ》げたパン「カチョリ」を食《た》べたりする。

両方《りょうほう》ともカレーパンにほぼ近《ちか》いので、日本人《にっぽんじん》目線《めせん》で言《い》ったら、「インド人《じん》は3食《しょく》カレーを食《た》べている」ということになるだろう。カレーが大好《だいす》き！　という人《ひと》にしてみたら、まさに天国《てんごく》みたいな国《くに》だ。

世界《せかい》のごはん

韓国《かんこく》 なんでもキムチ！

韓国《かんこく》を代表《だいひょう》する料理《りょうり》といえば、もちろん「キムチ」！

ぱっと思《おも》い浮《う》かぶのは大根《だいこん》や白菜《はくさい》、キュウリを使《つか》ったキムチだと思《おも》う。そのほかにも、韓国《かんこく》ではネギやかぶなど、旬《しゅん》の野菜《やさい》がキムチになって食卓《しょくたく》に上《のぼ》るんだ。

韓国《かんこく》の食事《しょくじ》は、キムチがないと始《はじ》まらない。

学校《がっこう》の給食《きゅうしょく》にも毎日《まいにち》キムチが出《で》る。幼稚園《ようちえん》の給食《きゅうしょく》でも毎食《まいしょく》キムチを食《た》べる。小《ちい》さい子《こ》は大人《おとな》と同《おな》じ辛《から》さでは食《た》べられないので、水《みず》で辛《から》みを洗《あら》い流《なが》したり、小《ちい》さく切《き》ったりして食《た》べる。

いつも食《た》べているものだから、次第《しだい》に辛《から》さにも慣《な》れていくんだ。

韓国料理《かんこくりょうり》だけではなくて、オムライスやカレー、トンカツやステーキのような洋食《ようしょく》も、キムチと一緒《いっしょ》に食《た》べるんだ。

中華料理《ちゅうかりょうり》も、イタリア料理《りょうり》も、キムチと一緒《いっしょ》に食《た》べる。

本格的《ほんかくてき》な高級料理店《こうきゅうりょうりてん》ではない限《かぎ》り、なんにでもキムチが添《そ》えてあるよ。

出《で》てくる量《りょう》も、日本人《にっぽんじん》の想像《そうぞう》よりずっと多《おお》い。外食《がいしょく》の場合《ばあい》、だいたいテーブルにキムチが盛《も》られたお皿《さら》が置《お》いてあって、取《と》り放題《ほうだい》・食《た》べ放題《ほうだい》。

テーブルにキムチ皿《ざら》がなかったとしても、お店《みせ》の人《ひと》にお願《ねが》いすれば出《だ》してくれる。おかわりを頼《たの》んでも、追加料金《ついかりょうきん》が発生《はっせい》することはまずない。

キムチが常《つね》に食事《しょくじ》に出《で》てくるのは、「キムチを食《た》べると口《くち》の中《なか》がすっきりする」から、ということらしい。トンカツやフライドチキンなどの揚《あ》げ物《もの》や、カルボナーラなどのパスタを食《た》べると、韓国《かんこく》の人《ひと》たちは「油《あぶら》っぽさ」がとても気《き》になるのだという。それを解消《かいしょう》してくれるのがキムチということなんだね。

韓国《かんこく》の家庭《かてい》には、キムチ専用《せんよう》の冷蔵庫《れいぞうこ》がある。大《おお》きさは普通《ふつう》の冷蔵庫《れいぞうこ》と同《おな》じくらいの縦《たて》長《なが》サイズだったり、洗濯機《せんたくき》くらいの高《たか》さで横幅《よこはば》が広《ひろ》いものだったり、いろいろだ。

冬《ふゆ》の始《はじ》まりにお母《かあ》さんがキムチをまとめて漬《つ》けて（この習慣《しゅうかん》を「キムジャン」と言《い》う）、キムチ用冷蔵庫《ようれいぞうこ》で保管《ほかん》して、毎日《まいにち》食《た》べている。

しかし以前《いぜん》に比《くら》べると、韓国《かんこく》でのキムチの消費量《しょうひりょう》は減少傾向《げんしょうけいこう》にある。「キムジャン」も、やらない人《ひと》が増《ふ》えている。キムチは家《いえ》で作《つく》るより、買《か》って食《た》べる時代《じだい》になりつつあるんだ。

日本《にっぽん》のぬか漬《づ》けと同《おな》じような感《かん》じだね。

世界《せかい》のごはん

フィリピン

フィリピンで大《だい》人《にん》気《き》のビックリごはん！①

食《た》べている本人《ほんにん》たちにとってはごちそうでも、違《ちが》う地域《ちいき》に住《す》む人《ひと》から見《み》ると、なんでそれを食《た》べようと思《おも》ったの!?　とビックリしてしまうような食材《しょくざい》は、日本各地《にっぽんかくち》にいろいろある。

納豆《なっとう》やナマコ、ゴボウなんかは外国人《がいこくじん》からしたら不思議《ふしぎ》な食《た》べ物《もの》だし、バッタの仲間《なかま》であるイナゴを佃煮《つくだに》にしたり、ハチの子《こ》（幼虫《ようちゅう》）を食《た》べたりする地方《ちほう》もある。食《た》べたことがない人《ひと》にしてみたらちょっとビックリだろう。

そうしたビックリ料理《りょうり》に関《かん》して言《い》えば、東南《とうなん》アジアにある島国《しまぐに》・フィリピンも負《ま》けてはいない。バナナやマンゴーなどのトロピカルフルーツで有名《ゆうめい》な国《くに》だけど、変《か》わった食《た》べ物《もの》

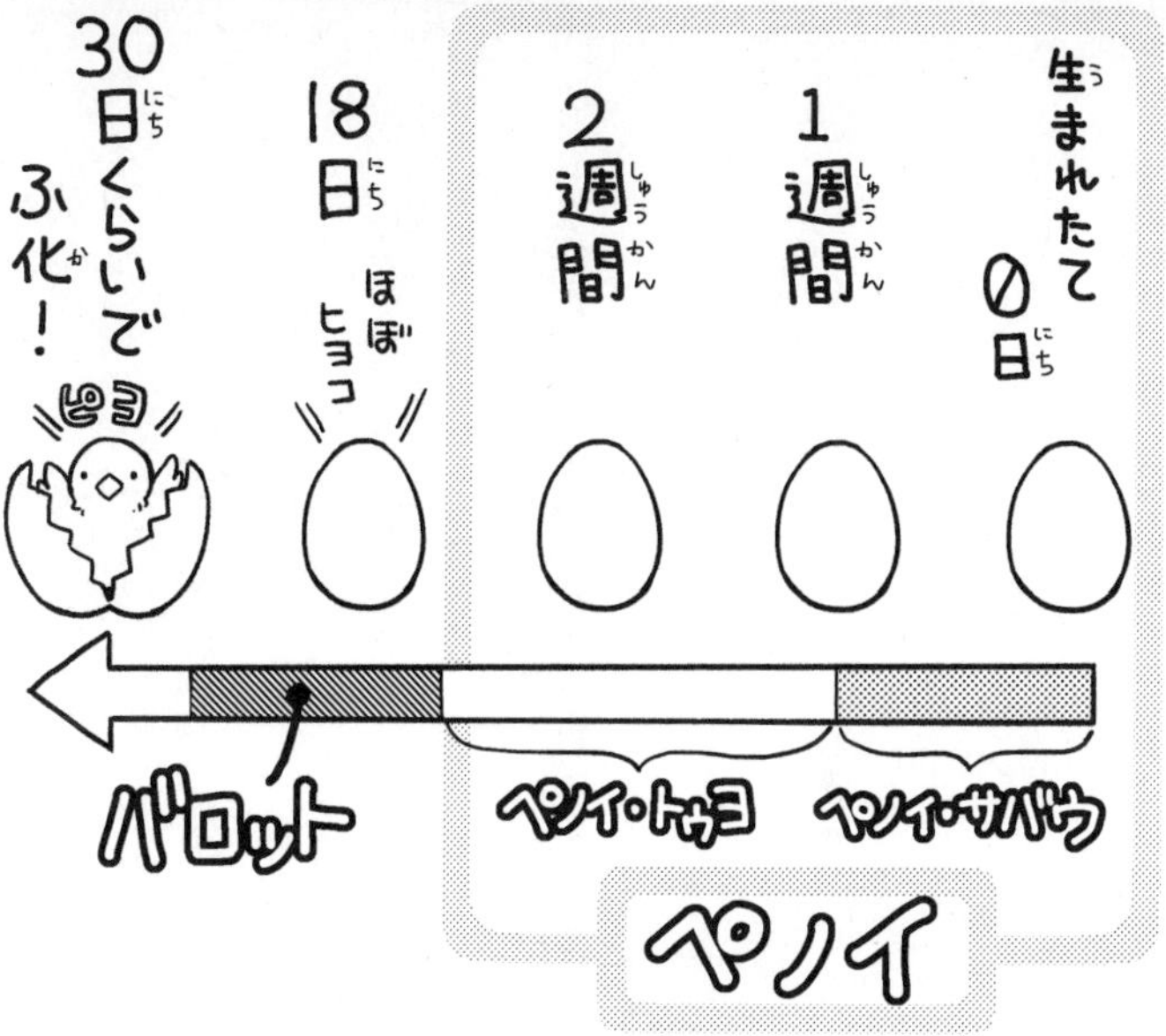

の宝庫《ほうこ》でもあるんだ。

日本《にっぽん》だとちょっと想像《そうぞう》しにくいフィリピンのごちそうといえば、「バロット」。どこの街《まち》でも、日《ひ》が暮《く》れた頃《ころ》に必《かなら》ず行商《ぎょうしょう》のオジサンが売《う》りにくる、フィリピンの国民食《こくみんしょく》だ。

バロットは、「ゆで卵《たまご》」の一種《いっしゅ》。でも、ただのゆで卵《たまご》じゃない。詳《くわ》しく言《い》うと、「産《う》み落《お》とされて18日目《にちめ》ぐらいで、カラをやぶって生《う》まれてくる直前《ちょくぜん》まで育《そだ》ったアヒルの卵《たまご》をゆでたもの」だ。

ふ化直前《かちょくぜん》だから、中身《なかみ》は白身《しろみ》と黄身《きみ》じゃない。卵《たまご》の中《なか》には、「内臓《ないぞう》」や「骨《ほね》」や「クチバシ」の形《かたち》ができた、「ほぼヒヨコ」の体《からだ》がおさまっている。これを、半熟《はんじゅく》にもならないぐらい、軽《かる》〜くゆでて食《た》べる。

「バロット」になる前《まえ》の、産《う》み落《お》とされて18日《にち》よりも前《まえ》の卵《たまご》は「ペノイ」と呼《よ》ぶ。そのうち、1週間目《しゅうかんめ》までの卵《たまご》を「ペノイ・サバウ（サバウは「汁《しる》」の意味《いみ》）」、2週間《しゅうかん》ぐらいの卵《たまご》を「ペノイ・トゥヨ（トゥヨは「乾《かわ》いている」という意味《いみ》）」と呼《よ》んでいるよ。

どれも、フィリピンでは大人気《だいにんき》の軽食《けいしょく》なんだ。

フィリピンだけじゃなくて中国《ちゅうごく》でも食《た》べられていて、漢字《かんじ》では「死胎蛋《スータイタン》」と書《か》く。

「胎《タイ》」はまだ生《う》まれてない赤《あか》ちゃんの意味《いみ》で、「蛋《タン》」は卵《たまご》を意味《いみ》しているよ。

日本人《にっぽんじん》好《ごの》みの味《あじ》でもあるらしい。フィリピンや中国《ちゅうごく》を訪《おとず》れることがあったら、食《た》べてみるといいかもしれないね。

世界《せかい》のごはん

フィリピン

フィリピンで大人気《だいにんき》のビックリごはん！②

「バロット」と同《おな》じように、フィリピンでは人気《にんき》があるけど外国人《がいこくじん》がビックリする食《た》べ物《もの》のひとつに、「豚《ぶた》の脳《のう》みそ」を使《つか》った料理《りょうり》がある。

「シシグ」というこの料理《りょうり》は、豚《ぶた》の耳《みみ》や顔《かお》の皮《かわ》・肉《にく》をゆでて細《ほそ》く切《き》ったものに、玉《たま》ねぎ、青《あお》とうがらしをきざんで一緒《いっしょ》に炒《いた》めたあと、豚《ぶた》の脳《のう》みそを加《くわ》え、さらに卵《たまご》をかけて作《つく》る。

脳《のう》みそは柔《やわ》らかくてクリーミー。火《ひ》にかけると溶《と》けていく。これが「シシグ」のコクになるんだ。街《まち》の食堂《しょくどう》で食《た》べられる、定番《ていばん》メニューだよ。

街《まち》を少《すこ》し離《はな》れると、もっと驚《おどろ》く食《た》べ物《もの》もある。珍《めずら》しいものでは「オオコウモリ」や「ムサン（山猫《やまねこ》）」などだ。

オオコウモリは、ちょっと変《か》わった方法《ほうほう》で捕《つか》まえる。

別名《べつめい》「フルーツ・バット」、つまり「果物《くだもの》のコウモリ」とも呼《よ》ばれるオオコウモリは、甘《あま》い果物《くだもの》だけでなく、蜜《みつ》がたっぷりのココナッツの花《はな》が大好《だいす》き。そしてこのココナッツの花《はな》が発酵《はっこう》すると、お酒《さけ》のようになる。このお酒《さけ》も、オオコウモリの大好物《だいこうぶつ》。酔《よ》っ払《ぱら》っていい気分《きぶん》になったところを、手作《てづく》りのエアガンを使《つか》ってビー玉《だま》で撃《う》って、気絶《きぜつ》させて捕《つか》まえる。

スープの具《ぐ》にしたり、ココナッツミルクで煮込《にこ》んで料理《りょうり》するよ。


ムサンは、山猫《やまねこ》の一種《いっしゅ》。好物《こうぶつ》のアナハウというヤシ科《か》の植物《しょくぶつ》の実《み》や、黒《くろ》い種《たね》を持《も》つ野生《やせい》のバナナを食《た》べに来《き》たところを、やっぱりエアガンで撃《う》って気絶《きぜつ》させて捕《つか》まえる。スープの具《ぐ》にしたり、バーベキューで焼《や》いたりするのが一般的《いっぱんてき》な食《た》べ方《かた》だ。

ムサンがおいしいのは、実《じつ》は肉《にく》だけではない。さて、何《なん》だかおわかりになるだろうか？

ヒントは、ムサンの大好物《だいこうぶつ》が「コーヒーの実《み》」だということ。

「コーヒー豆《まめ》」が、サクランボのような色《いろ》と形《かたち》をした「コーヒーの実《み》」の種《たね》だということ

は知《し》ってる？　ムサンは、このサクランボのような実《み》を丸《まる》ごと食《た》べるんだ。

ムサンが食《た》べた実《み》は、果肉《かにく》は消化《しょうか》されるけれど、固《かた》い種《たね》、つまりコーヒー豆《まめ》は消化《しょうか》されずに、そのままウンコと一緒《いっしょ》に出《で》てくる。これを拾《ひろ》って、きれいに洗《あら》って乾燥《かんそう》させたあと、炒《い》ってコーヒーにするんだ。コーヒー豆《まめ》はムサンのおなかの中《なか》で発酵《はっこう》していて、うまみが加《くわ》わったおいしいコーヒーになるよ。

このコーヒー豆《まめ》は「アラミド・コーヒー」といって大変珍《たいへんめずら》しいもの。「世界《せかい》で最《もっと》も高《たか》い値段《ねだん》のコーヒー」とも言《い》われている。

ちなみに、フィリピンの電気《でんき》やガスが通《とお》っ

ていない地域《ちいき》では、調理《ちょうり》をするための燃料《ねんりょう》はココナッツの実《み》のカラを使《つか》う。乾燥《かんそう》させるととても燃《も》えやすいんだ。

言《い》ってみれば、「毎日《まいにち》がサバイバル生活《せいかつ》」のようなものだけど、「あれこれ工夫《くふう》するのは楽《たの》しい」と現地《げんち》の人《ひと》たちは考《かんが》えている。

世界《せかい》の生活《せいかつ》

インドネシア

毎年《まいとし》断食《だんじき》1か月間《げつかん》！暑《あつ》くても水《みず》を飲《の》んじゃダメ!?

断食《だんじき》とは文字通《もじどお》り、食《た》べることを断《た》つこと。食事《しょくじ》をしないことだ。

この断食《だんじき》を1か月《げつ》も行《おこな》う人《ひと》たちがいる。イスラム教《きょう》を信仰《しんこう》する人々《ひとびと》だ。

イスラム教《きょう》の断食《だんじき》「ラマダン」は、1年《ねん》に1度《ど》、約《やく》1か月《げつ》の間《あいだ》行《おこな》われる。時期《じき》は、イスラム教《きょう》で使《つか》っているカレンダーで、「毎年《まいとし》9月《がつ》」と決《き》まっている。イスラム教《きょう》のカレンダーは月《つき》の満《み》ち欠《か》けを基準《きじゅん》にしているから、みんなが使《つか》っている太陽《たいよう》の周期《しゅうき》が基準《きじゅん》のカレンダーでは日程《にってい》がずれていく。具体的《ぐたいてき》に言《い》うと、毎年《まいとし》、11日《にち》ずつずれていくんだ。

インドネシアは熱帯《ねったい》の国《くに》で、いちばん寒《さむ》い1月《がつ》でも、平均最高気温《へいきんさいこうきおん》は30度《ど》もある！　暑《あつ》い時期《じき》だと33度《ど》を超《こ》えることもあるよ。

「そんなに暑《あつ》い中《なか》で1か月《げつ》も飲《の》まず食《く》わずなんて、病気《びょうき》になっちゃう！」と心配《しんぱい》になるけれど、1日中何《にちじゅうなに》も食《た》べたり飲《の》んだりできないわけではない。

飲食《いんしょく》が禁《きん》じられているのは日《ひ》の出《で》から日《ひ》の入《い》りまで。夜《よる》なら、ごはんを食《た》べたり水《みず》を飲《の》んだりしてOK《オーケー》だ。

だから、みんな日《ひ》が落《お》ちたあとから夜明《よあ》け前《まえ》の間《あいだ》に、1日分《にちぶん》の食《く》いだめ・飲《の》みだめをする。

ラマダンは、イスラム教徒《きょうと》がしなければならない5つの義務《ぎむ》のひとつ。

ラマダン中《ちゅう》は飲食《いんしょく》だけでなく、怒《おこ》ることや、悪口《わるくち》・うわさ話《ばなし》をすることもよくないこととされている。怒《いか》りや欲《よく》を捨《す》てること、空腹《くうふく》などの苦《くる》しみを通《つう》じてほかの人《ひと》の痛《いた》みを分《わ》かち合《あ》うことを大切《たいせつ》にする期間《きかん》なんだ。

インドネシアの場合《ばあい》、国民《こくみん》の約《やく》12パーセントはイスラム教徒《きょうと》ではない。その人《ひと》たちはラマダン期間中《きかんちゅう》でも普通《ふつう》に食事《しょくじ》をするけれど、断食《だんじき》している人《ひと》たちに対《たい》する配慮《はいりょ》を忘《わす》れない。レストランは窓《まど》に白《しろ》い布《ぬの》をかけて、食事《しょくじ》している様子《ようす》が外《そと》から見《み》えないようにして営業《えいぎょう》をしている。

とはいえ、レストランで料理《りょうり》を作《つく》ったりお皿《さら》を運《はこ》んでくれたりするのは、だいたいがイスラム教徒《きょうと》のスタッフだ。断食中《だんじきちゅう》に、目《め》の前《まえ》でおいしそうにごはんを食《た》べている人《ひと》を見《み》るのはつらくないのか訊《き》くと、「毎年《まいとし》やっているし、陽《ひ》が沈《しず》めば普通《ふつう》に食事《しょくじ》ができるから問《もん》題《だい》ない」という答《こた》えが返《かえ》ってくる。

ラマダンはイスラム教徒《きょうと》の義務《ぎむ》ではあるけれど、小《ちい》さな子《こ》どもや、食事《しょくじ》が大切《たいせつ》な成長期《せいちょうき》の子《こ》どもたちは免除《めんじょ》される。だいたい15歳《さい》ぐらいから始《はじ》めるのが一般的《いっぱんてき》だ。

夜明《よあ》け前《まえ》に食事《しょくじ》やお祈《いの》りを済《す》ませたあとで、なるべく体力《たいりょく》を温存《おんぞん》するために横《よこ》になってじっとしている母親《ははおや》をよそに、子《こ》どもがもぐもぐとごはんを食《た》べているのは、ラマダン中《ちゅう》の「家庭内《かていない》あるある」だ。

ラマダンが明《あ》けると、「レバラン」という大《おお》きなお祭《まつ》りがやってくる。

レバランは、つらいラマダンを終《お》えたあとのごほうびのようなもので、国《くに》を挙《あ》げて盛大《せいだい》にお祝《いわ》いがされるのだ。

苦《くる》しみぬいたあとこそ喜《よろこ》びが爆発《ばくはつ》するのは、世界《せかい》のどこでも同《おな》じなのかもしれない。

世界《せかい》の生活《せいかつ》

スペイン

カレシやカノジョが何《なん》人《にん》もいます！

スペインの小学生《しょうがくせい》に「カレシ／カノジョがいる？」と訊《き》いてみたとしよう。100人中《にんちゅう》99人《にん》が「いるに決《き》まってるよ～！」と答《こた》えるだろう。

さすがは情熱《じょうねつ》の国《くに》！　……というわけではなくて、スペイン語《ご》では「異性《いせい》の仲良《なかよ》しの友《とも》だち」のことを「ノビオ（カレシ）／ノビア（カノジョ）」と呼《よ》ぶのだ。もう少《すこ》し大《おお》きくなってできた恋人《こいびと》のことも、同《おな》じように「ノビオ／ノビア」と呼《よ》ぶ。

つまりスペインの小学生《しょうがくせい》が「ノビオ／ノビア」がいると答《こた》えたとしても、たいていの場《ば》合《あい》「恋人《こいびと》がいる」という意味《いみ》ではなく、「異性《いせい》で特《とく》に仲《なか》がいい友《とも》だちがいる」という意味《いみ》なんだ。

恋人《こいびと》じゃなくても、スペインの小学生《しょうがくせい》の「ノビオとノビア」はすごく仲《なか》がいい。放課後《ほうかご》、一緒《いっしょ》に校庭《こうてい》で遊《あそ》ぶ約束《やくそく》をしたり、カフェに移動《いどう》して一緒《いっしょ》にスナックを食《た》べたりオレンジジュースを飲《の》んでおしゃべりしたりする。

2人《ふたり》っきりでどこかに行《い》くなんて「デート」じゃん！　と思《おも》うけれど、実《じつ》は隣《となり》に必《かなら》ず家《か》族《ぞく》がいる。スペインの小学校《しょうがっこう》には、保護者《ほごしゃ》が送《おく》り迎《むか》えをしなければいけないルールがあるからだ。2人《ふたり》で過《す》ごす時間《じかん》は、保護者同士《ほごしゃどうし》のおしゃべりタイムでもあるんだね。

さて、「どうやってノビオやノビアをつくるのか」というと、答《こた》えはカンタン。告白《こくはく》するんです！

親《した》しくなりたい女子《じょし》がいたら、男子《だんし》は「かわいいね。大好《だいす》きだよ」と伝《つた》える。スペインではノビオやノビアをつくるための告白《こくはく》はみんなおおっぴらにやっていることで、誰《だれ》もが気軽《きがる》に告白《こくはく》している。

もちろん告白《こくはく》するのは男子《だんし》ばかりじゃない。女子《じょし》だって好《この》みの男子《だんし》に「すごく素敵《すてき》。わたしはあなたのノビアよ」と宣言《せんげん》する。

ライバルがたくさんいる場合《ばあい》も、ケンカになったりはしない。小学生《しょうがくせい》にとっての「ノビオとノビア」は「異性《いせい》で特《とく》に仲《なか》がいい友《とも》だち」という意味《いみ》だから、仲良《なかよ》しが何人《なんにん》いても全《ぜん》然《ぜん》かまわないんだ。

だから、ノビオやノビアが何人《なんにん》もいるという人《ひと》はたくさんいる。

ノビオとノビアは、「仲《なか》のいい異性《いせい》の友《とも》だち」だけれど、毎日《まいにち》キスをする。というのは、スペインではほっぺたに軽《かる》いキスを2回《かい》するのが、「おはよう」や「さようなら」の挨拶《あいさつ》だから。

挨拶《あいさつ》なら、恥《は》ずかしがったり、照《て》れたりはしない……よね？

世界《せかい》の生活《せいかつ》

オーストラリア

地下《ちか》迷宮《めいきゅう》で暮《く》らす村《むら》

オーストラリアの「クーパーペディー」という村《むら》では、地下《ちか》に穴《あな》を掘《ほ》って住《す》んでいる人《ひと》がいる。なぜ地上《ちじょう》に家《いえ》を建《た》てずに穴《あな》の中《なか》で暮《く》らすのかというと、「地下《ちか》で暮《く》らすほうが快《かい》適《てき》だから」なんだ。

家《いえ》の話《はなし》をする前《まえ》に、オーストラリアとクーパーペディーの歴史《れきし》を紹介《しょうかい》しよう。

１８５１年《ねん》、オーストラリア東南部《とうなんぶ》で砂金《さきん》が見《み》つかったことがきっかけで、オーストラリア中《じゅう》で金鉱脈探《きんこうみゃくさが》しが始《はじ》まった。サウスオーストラリア州《しゅう》にも金《きん》を探《さが》しにやってきた人《ひと》がいたんだけど、その人《ひと》が見《み》つけたのは、金《きん》ではなくて宝石《ほうせき》のオパールだった。今《いま》から約《やく》１００年前《ねんまえ》の、１９１５年《ねん》のことだ。

すると世界中《せかいじゅう》から一攫千金《いっかくせんきん》を狙《ねら》う人《ひと》が一気《いっき》に集《あつ》まってきて、村《むら》ができた。これがクーパーペディーだ。村《むら》のあちこちにはオパール採掘《さいくつ》のための穴《あな》が開《あ》いていた。まずは縦《たて》に穴《あな》を掘《ほ》り、そこから横《よこ》に長《なが》く掘《ほ》り進《すす》んでいくんだ。

クーパーペディーはあまり住《す》みやすい場所《ばしょ》ではない。というのも、大陸《たいりく》の内陸部《ないりくぶ》にある砂漠地帯《さばくちたい》だから気候《きこう》の変動《へんどう》がとても激《はげ》しくて、夏《なつ》は40度《ど》くらいになるんだ。

ところが村《むら》ができたのは100年《ねん》も前《まえ》の話《はなし》だから、エアコンなんていう便利《べんり》なものはない。扇風機《せんぷうき》を回《まわ》しても、送《おく》られてくるのは体温《たいおん》よりもずっと高《たか》い40度《ど》の熱風《ねっぷう》。

じゃあ、どうするかと人々《ひとびと》が考《かんが》えて出《だ》したアイディアが、「地下《ちか》に住《す》む」という方法《ほうほう》だったんだ。

実《じつ》は地下《ちか》では、地上《ちじょう》の気温《きおん》の影響《えいきょう》をあまり受《う》けない。

たとえば地上《ちじょう》にあるプールの水《みず》は、冬《ふゆ》は冷《つめ》たくなり夏《なつ》はぬるくなるけれど、地下《ちか》にある井戸水《いどみず》は1年中《ねんじゅう》水温《すいおん》がほぼ一定《いってい》（16〜18度《ど》）になる。

これと同《おな》じように、地上《ちじょう》の気温《きおん》の影響《えいきょう》を受《う》けにくい地下《ちか》に家《いえ》を作《つく》ることは、気温変動《きおんへんどう》の激《はげ》しい砂漠地帯《さばくちたい》ではとっても合理的《ごうりてき》なんだ。外《そと》が40度《ど》を超《こ》えるような暑《あつ》い日《ひ》でも、地下《ちか》ならクーラーなしで涼《すず》しく過《す》ごせる。

地下《ちか》ハウスのために穴《あな》を掘《ほ》るのは大変《たいへん》そうに思《おも》えるけれど、大丈夫《だいじょうぶ》。クーパーペディーには、すでにオパールを採掘《さいくつ》するために掘《ほ》った穴《あな》がたくさん張《は》り巡《めぐ》らされている。この穴《あな》を利用《りよう》して、住《す》んでしまえばいいだけなんだ。

実《じつ》は、「クーパーペディー」という村《むら》の名前《なまえ》は、オーストラリアの先住民族《せんじゅうみんぞく》アボリジニたちが、この地下都市《ちかとし》に住《す》む人々《ひとびと》を「穴《あな》の中《なか》の人《ひと》（kupa《クパ》 piti《ピティ》）」と呼《よ》んだことが由来《ゆらい》になっている。

100年前《ねんまえ》に掘《ほ》られた地下《ちか》ハウスの多《おお》くは、今《いま》は教会《きょうかい》やホテル、お土産物屋《みやげものや》さんなどになって観光客《かんこうきゃく》をたくさん集《あつ》めているんだよ。

最近《さいきん》では地上《ちじょう》に家《いえ》を建《た》てる人《ひと》も増《ふ》えてきているけれど、やっぱり暑《あつ》いし、クーラーをずっとつけていると電気代《でんきだい》ものすごくかかる。

そこで編《あ》み出《だ》されたのが、新《あたら》しい作《つく》り方《かた》の地下《ちか》ハウス「ダグアウトハウス」。丘《おか》の斜面《しゃめん》に横穴《よこあな》を掘《ほ》り、「地下《ちか》ハウス」同様《どうよう》に洞窟《どうくつ》のようにした家《いえ》に住《す》むという方法《ほうほう》だ。

これで地表《ちひょう》からの熱《ねつ》はかなり避《さ》けられるし、なにより縦《たて》に穴《あな》を掘《ほ》るよりもずっと簡単《かんたん》に家《いえ》ができる。

3LDK《エルディーケー》の地下《ちか》ハウスを作《つく》る値段《ねだん》は、地上《ちじょう》に一軒家《いっけんや》を建《た》てるのとだいたい同《おな》じぐらいだよ。

世界《せかい》の生活《せいかつ》

インドネシア

毎日《まいにち》5回《かい》、絶対《ぜったい》やるべき大事《だいじ》な義務《ぎむ》！

小《ちい》さなカーペットを取《と》り出《だ》して床《ゆか》に敷《し》いてひざまずき、お祈《いの》りを始《はじ》める人《ひと》を見《み》たことはあるだろうか。

これは、イスラム教徒《きょうと》にとって大事《だいじ》な儀式《ぎしき》なんだ。

ムスリム（イスラム教徒《きょうと》のこと）は「アラー」という神様《かみさま》を信《しん》じ、「コーラン」というイスラム教《きょう》の教《おし》えを書《か》いた本《ほん》に従《したが》って生活《せいかつ》している。インドネシアは人口《じんこう》の88パーセント以上《いじょう》がムスリムの国《くに》だ。

1日《にち》に5回《かい》、決《き》まった時間《じかん》に必《かなら》ずお祈《いの》りをすることは、ムスリムの大事《だいじ》な義務《ぎむ》。

5回《かい》の礼拝時間《れいはいじかん》は、大《おお》まかに言《い》うと「①明《あ》け方《がた》から日《ひ》の出《で》の間《あいだ》」「②正午《しょうご》から昼過《ひるす》ぎ」

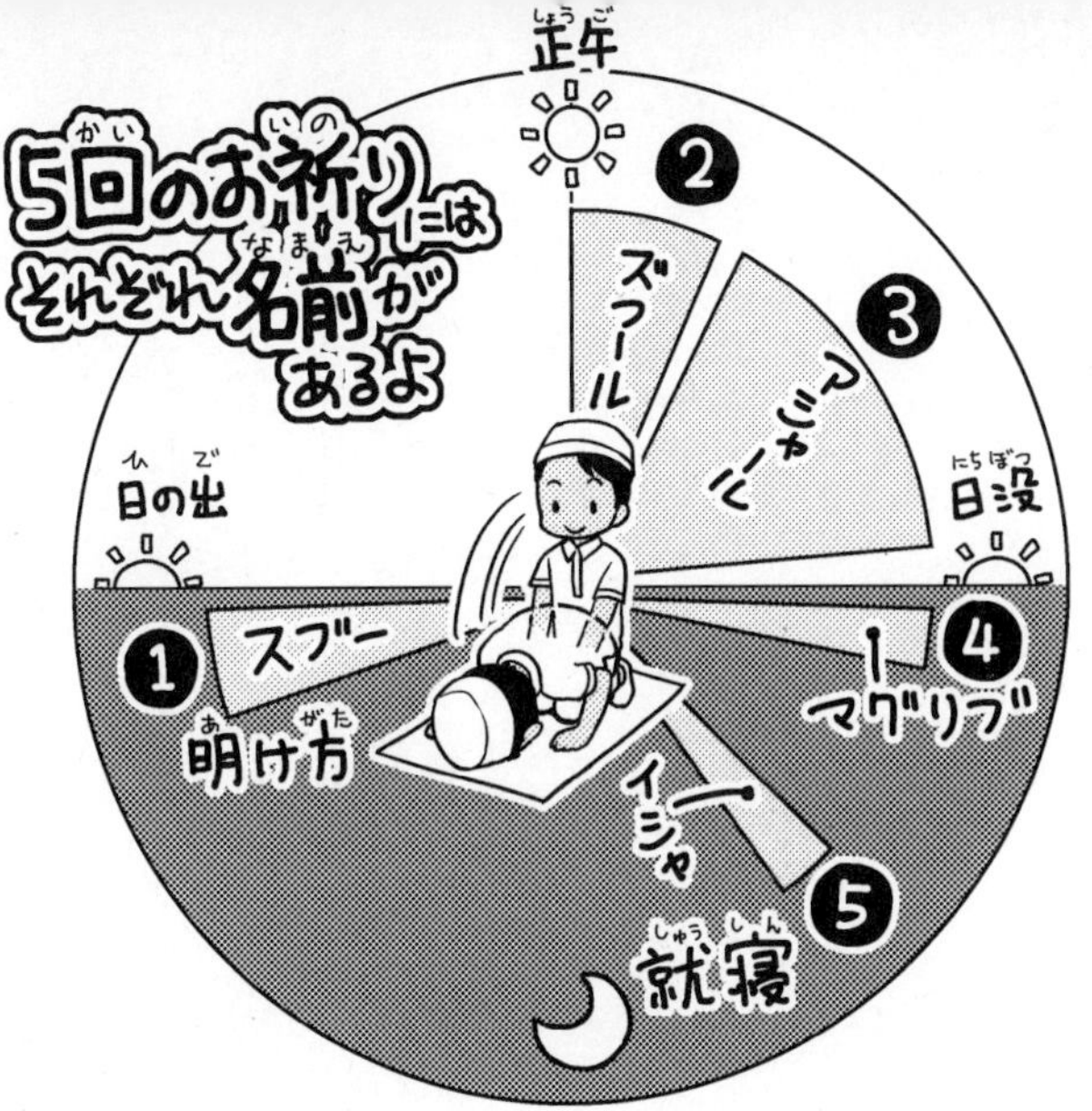

「③昼過《ひるす》ぎから日没《にちぼつ》」「④日没直後《にちぼつちょくご》」「⑤就寝《しゅうしん》前《まえ》」にあたる。

お祈《いの》りの時間《じかん》は太陰暦《たいいんれき》によって決《き》まっていて、普段使《ふだんつか》っている24時間制《じかんせい》の時計《とけい》の時間《じかん》とは毎日少《まいにちすこ》しずれる。お祈《いの》り時間《じかん》の前《まえ》には、「モスク」というイスラムの寺院《じいん》から、お祈《いの》りを始《はじ》める合図《あいず》がスピーカーで流《なが》れてくるんだ。

お祈《いの》りする「方角《ほうがく》」も重要《じゅうよう》。中東《ちゅうとう》のサウジアラビアという国《くに》にあるイスラム教最大《きょうさいだい》の聖《せい》地《ち》「メッカ」の方角《ほうがく》に向《む》かってお祈《いの》りをするよ。

もし近《ちか》くにモスクがなかったり、方角《ほうがく》がわからなくなってしまっても大丈夫《だいじょうぶ》。スマートフォンのアプリで、次《つぎ》のお祈《いの》りまでの残《のこ》り時間《じかん》や、お祈《いの》りする方向《ほうこう》を調《しら》べることもできるんだ。

イスラム教徒《きょうと》の生徒《せいと》だけが通《かよ》う小学校《しょうがっこう》には、学校《がっこう》の敷地《しきち》の中《なか》にモスクがある。様々《さまざま》な宗《しゅう》教《きょう》の子《こ》どもたちが通《かよ》う学校《がっこう》では「お祈《いの》りの時間《じかん》」という、それぞれの信《しん》じる神様《かみさま》に祈《いの》る時《じ》間《かん》があったりもするよ。

もし近《ちか》くにモスクがないときはどうするかというと、各地《かくち》に設置《せっち》されているモスクの簡《かん》易版《いばん》「MUSHOLLA《ムショラ》」という場所《ばしょ》に行《い》く。インドネシアのショッピングモール、商業《しょうぎょう》ビル、病院《びょういん》などにはほぼ必《かなら》ずムショラがある。

このムショラは、トイレの横《よこ》に設置《せっち》されていることが多《おお》い。理由《りゆう》は、祈《いの》りの前《まえ》に手足《てあし》を洗《あら》って、身《み》を清《きよ》めなめればならないからだ。日本《にっぽん》でも東京《とうきょう》の新宿高島屋《しんじゅくたかしまや》に「祈禱室《きとうしつ》」ができたりして、設置《せっち》が進《すす》められているよ。

「決《き》められている時間《じかん》にお祈《いの》りができなかった場合《ばあい》も、あとで「さっきの分《ぶん》をお祈《いの》りします」と、モスクやムショラで「まとめ祈《いの》り」をすることもできるんだ。

アルゼンチン

安《あん》心《しん》安《あん》全《ぜん》、子《こ》ども専《せん》用《よう》ディスコ！

オシャレは女子《じょし》の楽《たの》しみのひとつ。でもピアスやマニキュアや髪《かみ》を染《そ》めたりすることは、学校《がっこう》で認《みと》められていないかもしれない。

ところがアルゼンチンでは、小学生《しょうがくせい》のピアスやマニキュア、髪《かみ》の毛《け》を染《そ》めるのはあたりまえ。中《なか》には母《かあ》さんに頼《たの》んで脱毛《だつもう》サロンへ連《つ》れて行《い》ってもらう子《こ》もいる！　男子《だんし》でも、髪《かみ》の毛《け》を伸《の》ばしたり染《そ》めたりするのは普通《ふつう》のことなんだ。

そしてカレシやカノジョがいる子《こ》も多《おお》い。親公認《おやこうにん》だったり、恋人《こいびと》の家《いえ》の家族旅行《かぞくりょこう》に一緒《いっしょ》に連《つ》れて行《い》ってもらったりするケースもあるぐらいだ。

それだけでもビックリするのに、もっと驚《おどろ》くのは、12～17歳《さい》のための「青少年専用《せいしょうねんせんよう》ディスコ」があること！

毎週土曜日《まいしゅうどようび》のみの営業《えいぎょう》で、なんと夜《よる》9時《じ》から深夜《しんや》2時半《じはん》まで遊《あそ》ぶことができる。

入場料《にゅうじょうりょう》は200ペソ（約《やく》1000円《えん》）。常連客《じょうれんきゃく》になると50ペソ（約《やく》250円《えん》）割引《わりびき》になる。コーラなどのソフトドリンク500ミリリットル入《い》りペットボトルが70ペソ（約《やく》350円《えん》）、ミネラルウォーターが50ペソ（約《やく》250円《えん》）、ピザ1人前《にんまえ》が50ペソ（約《やく》250円《えん》）。割《わり》と良心的《りょうしんてき》な値段《ねだん》だから、おこづかいで払《はら》えそうだ。もちろんお酒《さけ》は売《う》っていない。

場内《じょうない》は普通《ふつう》のディスコと同《おな》じインテリアで、主《おも》にレゲトン・ミュージックで子《こ》どもたちが踊《おど》りまくる。

でも、こんな若《わか》い年齢《ねんれい》でディスコに行《い》ったら、悪《あく》の道《みち》に走《はし》ってしまうのでは？　と思《おも》うけれど、話《はなし》は逆《ぎゃく》。

大人用《おとなよう》のディスコに子《こ》どもが潜《もぐ》り込《こ》んで、悪《わる》い誘《さそ》いを受《う》けないように「青少年専用《せいしょうねんせんよう》ディスコ」が作《つく》られたのだ。入《い》り口《ぐち》では年齢《ねんれい》や身《み》なりがしっかりチェックされる。規定年齢《きていねんれい》より年上《としうえ》の人《ひと》や、お酒《さけ》を飲《の》んでいるような人《ひと》は入《はい》れない。

それに、もし誰《だれ》かの携帯電話《けいたいでんわ》や財布《さいふ》がなくなったりしたら、見《み》つかるまで誰《だれ》も外《そと》に出《で》ることはできない。盗難《とうなん》などのトラブルの心配《しんぱい》がなくて、安全《あんぜん》なんだ。

とはいえ、なんといっても営業時間《えいぎょうじかん》が夜《よる》9時《じ》から深夜《しんや》2時半《じはん》。そんな夜遅《よるおそ》くに外《そと》にいて大丈夫《だいじょうぶ》なのかというと、帰《かえ》りはお父《とう》さんやお母《かあ》さんが会場出口《かいじょうでぐち》まで迎《むか》えに来《く》る。

そしてその人《ひと》が本当《ほんとう》に親《おや》なのか、身元《みもと》の確認《かくにん》が取《と》れるまで子《こ》どもを引《ひ》き渡《わた》さないように厳《きび》しく管理《かんり》されている。

少数派《しょうすうは》ではあるけれど、タクシーで帰《かえ》る人《ひと》もいる。その場合《ばあい》もタクシーのドアまでガードマンが付《つ》き添《そ》い、ナンバープレートをメモすることで事件《じけん》に巻《ま》き込《こ》まれるのを防《ふせ》いでいる。

アルゼンチンのディスコは安心安全《あんしんあんぜん》！　でも深夜《しんや》2時半《じはん》にお迎《むか》えに行《い》く親《おや》は、ちょっと大変《たいへん》かもしれない……。

インド

ゴミはゴミ箱《ばこ》に捨《す》ててはいけません!?

ゴミはゴミ箱《ばこ》に捨《す》てる。

これは常識《じょうしき》だろう。部屋《へや》がなかなか片《かた》づけられない人《ひと》も、机《つくえ》の中《なか》がゴチャゴチャになっている人《ひと》でも、少《すく》なくともゴミはちゃんとゴミ箱《ばこ》に入《い》れているはずだ。

それが常識《じょうしき》じゃない国《くに》もある。インドだ。

たとえばインドのある公園《こうえん》で、遠足中《えんそくちゅう》の小学生《しょうがくせい》たちに会《あ》ったとしよう。芝生《しばふ》の広場《ひろば》でお昼《ひる》ごはんを食《た》べたあと……彼《かれ》らは自分《じぶん》たちが出《だ》したゴミをそのままにして帰《かえ》るのだ。

お弁当《べんとう》が入《はい》っていた使《つか》い捨《す》て容器《ようき》、プラスティックのスプーン、フォークなどがきれいに刈《か》られた芝生《しばふ》の上《うえ》に投《な》げ捨《す》てられている。そのあと清掃《せいそう》の車《くるま》が来《き》て、掃除《そうじ》していく。

たぶんこんな光景《こうけい》を見《み》たら、なんてお行儀《ぎょうぎ》が悪《わる》いんだと思《おも》うだろう。

だけどゴミをそのままにするのは、インドなりの理由《りゆう》がある。

もしもその小学生《しょうがくせい》たちがゴミをゴミ箱《ばこ》に捨《す》てたら、「何《なに》をしてるんですか！」と怒《おこ》られるかもしれないのだ。

なぜそうなるのだろう？

実《じつ》はインドにはいまだに厳格《げんかく》な「カースト制《せい》」という制度《せいど》が残《のこ》っている。身分制度《みぶんせいど》であるのと同時《どうじ》に、「どの仕事《しごと》は誰《だれ》がやるという取《と》り決《き》め」でもある。

ゴミを拾《ひろ》ったり集《あつ》めたりするのは、「ゴミ拾《ひろ》いをするカーストに属《ぞく》している人《ひと》」に限《かぎ》られる。だから、そのカーストではない人《ひと》がゴミをゴミ箱《ばこ》に入《い》れるのは、「ゴミ拾《ひろ》いを仕事《しごと》としている人《ひと》の職《しょく》を奪《うば》うことになる」と考《かんが》えられているのだ。

世界《せかい》の国《くに》の中《なか》には、日本《にっぽん》とは違《ちが》う常識《じょうしき》を持《も》つ国《くに》がある。

世界《せかい》の生活《せいかつ》

アメリカ合衆国《がっしゅうこく》

デートの相手《あいて》は同性《どうせい》の親友《しんゆう》!?

デートってしたことある？

アメリカでは、小学校低学年《しょうがっこうていがくねん》でもほぼ全員《ぜんいん》がデートを経験済《けいけんず》みだ。

「うわっ、さすがはアメリカ」と思《おも》うかもしれないが、実《じつ》はアメリカでは仲《なか》のいい友《とも》だちと遊《あそ》ぶことを「プレイデート（遊《あそ》ぶデート）」と呼《よ》ぶ。

ちなみにカレシやカノジョと出《で》かけることは、日本同様《にっぽんどうよう》、単《たん》に「デート」だ。

このプレイデートには、親《おや》も一緒《いっしょ》のことが多《おお》い。

というのも、知《し》らない人《ひと》に連《つ》れて行《い》かれたり、危《あぶ》ない目《め》にあったりすることがないように、『小学生以下《しょうがくせいいか》の子《こ》どもを1人《ひとり》にしない』というルールがアメリカにはあるのだ。

1人《ひとり》で公園《こうえん》に出《で》かけることも、おつかいに行《い》くことも、習《なら》い事《ごと》に行《い》くこともダメ。

家《いえ》に親《おや》がいないときに1人《ひとり》で留守番《るすばん》をすることもできないので、シッターさん（面倒《めんどう》を見《み》てくれる人《ひと》）を頼《たの》む。

アメリカの子《こ》どもたちにとって、プレイデートはいちばんの楽《たの》しみ。天気《てんき》の良《い》い日《ひ》は近所《きんじょ》の公園《こうえん》で遊《あそ》ぶだけでも面白《おもしろ》い。

アメリカの公園《こうえん》は広《ひろ》くて自然《しぜん》がいっぱいで、遊具《ゆうぐ》だけでなく、サイクリングロード、スケートボード場《じょう》、小《ちい》さい子《こ》ども向《む》けのプールもある。

広《ひろ》い芝生《しばふ》に寝転《ねころ》がって、ピクニックもできる。炭《すみ》やたきぎを使《つか》えるバーベキューグリルが設置《せっち》されているところもあって、誰《だれ》でも無料《むりょう》で使《つか》える。青空《あおぞら》の下《した》でバーベキューしながらプレイデートをすれば、ちょっとしたパーティー気分《きぶん》だ。

友《とも》だちの家《いえ》でプレイデートをすることもよくある。

アメリカの家《いえ》は大《おお》きくて、庭《にわ》も広《ひろ》い。

一軒家《いっけんや》なら「プレイルーム」または「レクリエーションルーム」と呼《よ》ばれる遊《あそ》び専用《せんよう》の

部屋《へや》があり、ビリヤード台《だい》やダーツボード、卓球台《たっきゅうだい》を置《お》いている家《いえ》もあるし、庭《にわ》にすべり台《だい》やブランコなどの遊具《ゆうぐ》があったり、トランポリンが置《お》いてあることもあるよ。

学校《がっこう》から直接《ちょくせつ》家《いえ》に帰《かえ》らず、そのまま友《とも》だちの家《いえ》に直行《ちょっこう》する場合《ばあい》は、迎《むか》えに来《き》た友《とも》だちの親《おや》が一緒《いっしょ》に家《いえ》まで連《つ》れて行《い》ってくれる。プレイデートが終《お》わると、友《とも》だちの親《おや》が家《いえ》まで送《おく》ってくれることもあるし、自分《じぶん》の親《おや》が友《とも》だちの家《いえ》まで迎《むか》えに来《き》てくれることもある。これも「1人《ひとり》にしない」ルールがあるからだ。

親《おや》は車《くるま》でその都度《つど》送《おく》り迎《むか》えをしなければいけないから、まるで子《こ》ども専用《せんよう》ドライバー！　アメリカの親《おや》は大変《たいへん》だ。

友《とも》だちの家《いえ》でお泊《と》まりプレイデートをすることもある。このことを「スリープオーバー」といって、親《した》しい友《とも》だち同士《どうし》でしょっちゅう楽《たの》しんでいる。

学校《がっこう》から帰《かえ》って家《いえ》でシャワーを浴《あ》びたら、寝袋《ねぶくろ》を持《も》って友《とも》だちの家《いえ》へ。みんな「マイ寝《ね》袋《ぶくろ》」持参《じさん》なので、迎《むか》える家《いえ》の親《おや》は布団《ふとん》の用意《ようい》などをしなくていい。日本《にっぽん》よりもお泊《と》まり会《かい》が盛《さか》んな理由《りゆう》は、こんなところにあるのかもしれない。

スリープオーバーの日は晩《ばん》ごはんにピザやハンバーガーを食《た》べてから、夜通《よどお》しみんなでゲームやDVD鑑賞《ディーブイディーかんしょう》、おしゃべりをして過《す》ごす。参加人数《さんかにんずう》が少《すく》なければ自分《じぶん》の部屋《へや》で、5～6人《にん》と多《おお》ければ「プレイルーム」や「レクリエーションルーム」などの部屋《へや》でみんな一緒《いっしょ》に寝《ね》る。

起《お》きたら、マフィンやドーナツ、パンケーキで朝《あさ》ごはん。簡単《かんたん》にシリアルで済《す》ませることもある。こういう晩《ばん》ごはんと朝《あさ》ごはんは、アメリカらしい定番《ていばん》の食事《しょくじ》。小学生《しょうがくせい》が大好《だいす》きなものばかりだ。

あとは親《おや》が迎《むか》えに来《く》る時間《じかん》まで、もうひと遊《あそ》び！

これがアメリカの小学生《しょうがくせい》の、一般的《いっぱんてき》な週末《しゅうまつ》の過《す》ごし方《かた》なんだ。

世界《せかい》のイベント

ブラジル

1週間《しゅうかん》ぶっ通《とお》しで学校《がっこう》も休《やす》み! アツすぎるぞ、カーニバル

ブラジルといえば「カーニバル」!

「リオのカーニバル」という言葉《ことば》を聞《き》いたり、テレビで観《み》たりしたことがあるかもしれない。「リオ」はブラジル第《だい》2の都市《とし》リオ・デ・ジャネイロのことだ。

カーニバルが開催《かいさい》されるのは、リオだけじゃない。サンパウロなど、ブラジル中《じゅう》のいろんな都市《とし》でカーニバルが行《おこな》われているんだ。

もともとカーニバルは「謝肉祭《しゃにくさい》」とも呼《よ》ばれるキリスト教《きょう》の行事《ぎょうじ》だった。宗派《しゅうは》によってやり方《かた》はいろいろあるけれど、肉《にく》や卵《たまご》などを食《た》べずに過《す》ごす「イースター(キリスト教《きょう》のお祭《まつ》り。「復活祭《ふっかつさい》」ともいう)」の前《まえ》に、にぎやかに祝《いわ》われるお祭《まつ》りのこと

だ。

キリスト教《きょう》が世界中《せかいじゅう》に広《ひろ》まっていくにつれて、「謝肉祭《しゃにくさい》」は、各地《かくち》で様々《さまざま》なお祭《まつ》りへと変化《へんか》していった。ブラジルでは、女性《じょせい》ダンサーがビキニと羽根《はね》のような衣装《いしょう》を身《み》にまとい、打楽器《だがっき》のリズムでステップを踏《ふ》んだり大《おお》きな山車《だし》の上《うえ》で踊《おど》るパレードへと変化《へんか》していったんだ。


ブラジルでは、毎年《まいとし》のカーニバルに命《いのち》を懸《か》けるくらい真剣《しんけん》に取《と》り組《く》んでいる人《ひと》が多《おお》い。

だからカーニバルの前後合《ぜんごあ》わせて1週間《しゅうかん》くらい、なんと市役所《しやくしょ》や銀行《ぎんこう》までぶっ通《とお》しでお休《やす》みになってしまう！

それだけじゃない。レストランや商店《しょうてん》も約《やく》1週間続《しゅうかんつづ》けて閉店《へいてん》してしまう。さすがに警察署《けいさつしょ》や消防署《しょうぼうしょ》や病院《びょういん》は開《あ》いているけれど、街中《まちじゅう》が機能停止状態《きのうていしじょうたい》になる。

さらには小学校《しょうがっこう》もお休《やす》みになってしまう！ 大人《おとな》が楽《たの》しく踊《おど》ってどんちゃん騒《さわ》ぎを繰《く》り広《ひろ》げているというのに、子《こ》どもだけが勉強《べんきょう》できるわけないもんね。

さてさて、カーニバルといえばパレード。打楽器《だがっき》のダカツカダカツカいうサンバのリズムとともに、キラキラした衣装《いしょう》を着《き》たお姉《ねえ》さんたちが踊《おど》って練《ね》り歩《ある》く。でも、ただみんなで踊《おど》ったり、踊《おど》っているのを見《み》て楽《たの》しんでいるだけじゃない。実《じつ》はカーニバルはれっきとした競技会《きょうぎかい》なんだ。審査員《しんさいん》たちによって採点《さいてん》され、優勝《ゆうしょう》チームが決《き》められる。

サンパウロやリオ・デ・ジャネイロみたいな大都市《だいとし》のカーニバルでチャンピオンになると、ブラジル国内《こくない》はもちろん世界各国《せかいかっこく》でのテレビ出演《しゅつえん》や、ライブショーへの依頼《いらい》が殺到《さっとう》する。優勝《ゆうしょう》チームのメンバーは、子《こ》どもたちの憧《あこが》れの的《まと》だ。

特《とく》に「サンバ楽器隊《がっきたい》の女王《じょおう》」と呼《よ》ばれる女性《じょせい》トップダンサー「ハイーニャ（ポルトガル語《ご》で「女王《じょおう》」の意味《いみ》）」になることは、ダンスをする女《おんな》の子《こ》たちの夢《ゆめ》。

テレビCM《シーエム》に出演《しゅつえん》したり、モデルとして活躍《かつやく》したりと、まるでアイドルのような人気者《にんきもの》になれるからだ。

アルゼンチン

友情《ゆうじょう》より恋《こい》より大事《だいじ》なサッカー愛《あい》！

アルゼンチンといえば、伝説《でんせつ》のサッカー選手《せんしゅ》・マラドーナや、スター選手《せんしゅ》・メッシの出《しゅっ》身地《しんち》として知《し》られるサッカーの強豪国《きょうごうこく》だ。

当然《とうぜん》アルゼンチンの人《ひと》はサッカー好《ず》きがとても多《おお》い。特《とく》に熱《あつ》くなるのが、同《おな》じ街《まち》を本拠《ほんきょ》地《ち》とするプロチーム同士《どうし》の対戦《たいせん》。英語《えいご》では「ダービー」、アルゼンチンなど南米《なんべい》の国々《くにぐに》で話《はな》されているスペイン語《ご》では「クラシコ」と呼《よ》ぶ。

試合《しあい》そのものも熱《あつ》いけれど、さらに熱《あつ》いのはファン魂《だましい》だ。

家族《かぞく》や友《とも》だちと、みんなで集《あつ》まってテレビの前《まえ》で応援《おうえん》するか、サポーター仲間《なかま》とスポーツバーに繰《く》り出《だ》すか。クラシコ観戦《かんせん》の方法《ほうほう》はいろいろだ。

熱狂的《ねっきょうてき》なサポーターなら、当然《とうぜん》スタジアムへ向《む》かう。

サポーターそれぞれが家《いえ》を出《で》て、スタジアムに続《つづ》く道《みち》の途中《とちゅう》でどんどん合流《ごうりゅう》していく。大勢《おおぜい》でバスに乗《の》り込《こ》む頃《ころ》には大盛《おおも》り上《あ》がり！　クラブチームの旗《はた》を振《ふ》りながら、車内《しゃない》で大《だい》コーラスが始《はじ》まるよ。

こうなったら、もう誰《だれ》にも止《と》められない。バスの運転手《うんてんしゅ》も余計《よけい》なことを言《い》ってやっかい事《ごと》に巻《ま》き込《こ》まれるのはゴメンだから、何《なに》も言《い》わない。見《み》て見《み》ぬ振《ふ》りを決《き》め込《こ》むのがいちばん平和的《へいわてき》な方法《ほうほう》なのだ。

スタジアムのまわりでは、試合《しあい》の何時間《なんじかん》も前《まえ》から大勢《おおぜい》の警官《けいかん》が警備《けいび》している。昔《むかし》は敵対《てきたい》するチームのサポーター同士《どうし》が試合前後《しあいぜんご》に路上《ろじょう》で大乱闘《だいらんとう》することもあったけれど、2013年《ねん》7月《がつ》からホームチームのサポーターだけがスタジアムに入場《にゅうじょう》できる決《き》まりになり、大《おお》きな騒動《そうどう》はなくなった。

スタジアムに入《はい》れないアウェイチームのサポーターたちは、行《い》きつけのスポーツバーに集《あつ》まって盛《も》り上《あ》がるんだ。

試合《しあい》のあとは、勝《か》ったチームのサポーターは車《くるま》に乗《の》って、クラクションを高《たか》らかに鳴《な》らして勝利《しょうり》を祝《いわ》い、街中《まちじゅう》を駆《か》け巡《めぐ》る。一方《いっぽう》、負《ま》けたチームのサポーターは、苦《にが》い顔《かお》をしてうつむいて歩《ある》くしかない。

大人《おとな》たちだけじゃなく、小学生《しょうがくせい》だってサッカーと無縁《むえん》ではいられない。応援《おうえん》するチームのユニフォームを着《き》て学校《がっこう》に行《い》く子《こ》や、ロゴ入《い》りのリュックを持《も》って行《い》く子《こ》が多《おお》い。クラシコ開催前《かいさいまえ》にはライバルチームのファン同士《どうし》で言《い》い争《あらそ》いになったり、ケンカになったりするから、先生《せんせい》もピリピリと神経《しんけい》を尖《とが》らせる。

仲良《なかよ》しの友《とも》だちがライバルチームを応援《おうえん》していたりすると大変《たいへん》だ。お互《たが》いの親《おや》と一緒《いっしょ》に話《はな》し合《あ》って、ケンカにならないように、

①試合《しあい》の翌日《よくじつ》は勝敗《しょうはい》にかかわらず念《ねん》のため遊《あそ》ばない

②お互《たが》いの家《いえ》を行《い》き来《き》するときは、ユニフォームどころか、チームカラーと同《おな》じ色《いろ》の服《ふく》も着《き》ない

……などの約束《やくそく》を盛《も》り込《こ》んだ、「合意書《ごういしょ》」を作《つく》ったりしたそうだ。

さらに、サッカー熱《ねつ》が影響《えいきょう》するのは友情《ゆうじょう》だけじゃない。

たとえば、好《す》きな女《おんな》の子《こ》ができて、公園《こうえん》で初《はつ》デートの日《ひ》。待《ま》ち合《あ》わせの場所《ばしょ》に来《き》た彼女《かのじょ》が着《き》ているのは、なんと敵対《てきたい》チームのT《ティー》シャツ！　遠《とお》くからそれを発見《はっけん》し、回《まわ》れ右《みぎ》をして帰宅《きたく》した男《おとこ》の子《こ》もいる。初《はつ》デートよりもチーム愛《あい》！

こんな感《かん》じだから、つきあっているガールフレンドの家《いえ》に初《はじ》めて遊《あそ》びに行《い》ったとき、彼女《かのじょ》のお父《とう》さんから挨拶《あいさつ》がわりに「おまえ、どこのサポーターだ？」と真顔《まがお》で問《と》い詰《つ》められるのはよくある話《はなし》。あらかじめ交際相手《こうさいあいて》とその家族《かぞく》のごひいきのチームを聞《き》いておいて、対策《たいさく》を立《た》てたほうがいい。

たかがサッカー、されどサッカーなのだ。

世界《せかい》のイベント

スペイン

ヤバいお祭《まつ》りが多《おお》すぎる！

「闘牛《とうぎゅう》」を知《し》ってる？

闘牛場《とうぎゅうじょう》で赤《あか》い布《ぬの》を持《も》った闘牛士《とうぎゅうし》が、興奮《こうふん》して突進《とっしん》してくる牛《うし》をヒョイと軽《かる》くかわすたびに、観客《かんきゃく》たちは「オーレイッ！」と声《こえ》をそろえて大声援《だいせいえん》。最後《さいご》に剣《けん》で仕留《しと》めるあれだ。

動物愛護《どうぶつあいご》の意識《いしき》から禁止《きんし》された地域《ちいき》もあるけれど、闘牛《とうぎゅう》はスペインの文化《ぶんか》と切《き》り離《はな》せない、スペインの国技《こくぎ》なんだ。闘牛《とうぎゅう》シーズンがスタートする春《はる》になると、家族《かぞく》みんなで見《み》にいくという家《いえ》も多《おお》い。

闘牛場《とうぎゅうじょう》の観客席《かんきゃくせき》は仕切《しき》りでしっかり守《まも》ってあるから、どんなに牛《うし》が暴走《ぼうそう》しても安全《あんぜん》に見《み》ていられる。でもこの超《ちょう》キケンな猛牛《もうぎゅう》が、仕切《しき》りや柵《さく》のまったくない状態《じょうたい》で道《みち》に放《はな》たれる日《ひ》がある。

「牛追《うしお》い」の日《ひ》だ。

牛追《うしお》いというのは、闘牛《とうぎゅう》の前《まえ》に、牛《うし》を闘牛場《とうぎゅうじょう》まで移動《いどう》させる儀式《ぎしき》。猛牛《もうぎゅう》を道《みち》に放《はな》つなんて、もちろん危険《きけん》すぎる。だけど逃《に》げるどころか、度胸試《どきょうだめ》しで興奮《こうふん》した牛《うし》の前《まえ》を走《はし》る「猛者《もさ》」が続出《ぞくしゅつ》する。

牛追《うしお》いはスペイン各地《かくち》で行《おこな》われているけれど、おそらく最《もっと》も有名《ゆうめい》なのがパンプローナという街《まち》で開《ひら》かれる「パンプローナの牛追《うしお》い祭《まつ》り」だ。牛《うし》に追《お》われるスリルを求《もと》めて、毎年《まいとし》1000人《にん》以上《いじょう》が荒《あら》ぶる牛《うし》とともに闘牛場《とうぎゅうじょう》まで駆《か》け抜《ぬ》ける。

この牛追《うしお》いに参加《さんか》するのに特別《とくべつ》な訓練《くんれん》や資格《しかく》などは一切《いっさい》いらない。18歳《さい》以上《いじょう》であれば国籍《こくせき》や性別《せいべつ》を問《と》わず誰《だれ》でも参加《さんか》できる。

でも毎年《まいとし》ケガ人《にん》が出《で》るし、逃《に》げ切《き》れず亡《な》くなった人《ひと》もいる。

この「牛追《うしお》い祭《まつ》り」が危険《きけん》すぎるという理由《りゆう》で生《う》まれたのが、マドリードの郊外《こうがい》の街《まち》マタエルピーノの「大玉追《おおだまお》い祭《まつ》り」。牛《うし》じゃなくて、直径《ちょっけい》2.5メートルもある大玉《おおだま》を追《お》うものだ。でも、「牛追《うしお》い祭《まつ》り」のように、転《ころ》がる大玉《おおだま》の「前《まえ》」にわざわざ出《で》て度胸試《どきょうだめ》しをする

人《ひと》も多《おお》い。
暴走《ぼうそう》する牛《うし》と比《くら》べると簡単《かんたん》そうに感《かん》じるかもしれないけど、大玉《おおだま》の重《おも》さはなんと125キロ！　それが襲《おそ》いかかってくるのだから、坂道《さかみち》ではかなりの迫力《はくりょく》だ（平《へい》たんな道《みち》では、追《お》われるどころか大玉転《おおだまころ》がしになってしまうけれど……）。

闘牛《とうぎゅう》のほかにも、スペインには楽《たの》しいお祭《まつ》りがたくさんある！
ブニョールという街《まち》で、毎年《まいとし》8月《がつ》に開《ひら》かれる「トマト祭《まつ》り」。といっても「トマトの大《おお》食《ぐ》いコンテスト」ではない。トラック6台分《だいぶん》、数十《すう》トンもの熟《じゅく》したトマトがトラックで運《はこ》ばれてきて、ひたすら投《な》げ合《あ》う……というか、ぶつけ合《あ》う。

濡《ぬ》れてもいい服《ふく》と、目《め》を保護《ほご》するための水泳用《すいえいよう》ゴーグルをお忘《わす》れなく！

イビという街《まち》でも、小麦粉《こむぎこ》や生卵《なまたまご》をかけ合《あ》ってみんな真《ま》っ白《しろ》になる「粉《こな》かけ祭《まつ》り」が行《おこな》われる。スペインの「エイプリルフール」にあたる12月《がつ》28日《にち》に行《おこな》われるお祭《まつ》りで、２００年《ねん》の歴史《れきし》を持《も》つ、由緒正《ゆいしょただ》しいお祭《まつ》りなんだ。

各地《かくち》で行《おこな》われる「火祭《ひまつ》り」も忘《わす》れてはいけない。特《とく》に迫力《はくりょく》があるのが、バレンシア州《しゅう》の火祭《ひまつ》りだ。

街《まち》の至《いた》るところに高《たか》さ10メートルをゆうに超《こ》える巨大張《きょだいは》り子人形《こにんぎょう》が飾《かざ》られて、街全体《まちぜんたい》がテーマパークのようになる。人形《にんぎょう》の数《かず》はなんと６００体以上《たいいじょう》。

祭《まつ》りの間《あいだ》、市民《しみん》は気《き》に入《い》った人形《にんぎょう》に投票《とうひょう》し、その年《とし》の優勝者《ゆうしょうしゃ》を決定《けってい》する。１位《い》に選《えら》ばれた作品《さくひん》は「火祭《ひまつ》り博物館《はくぶつかん》」に陳列《ちんれつ》されるが、それ以外《いがい》の人形《にんぎょう》はすべて最終日《さいしゅうび》の夜《よる》のクライマックス、「クレマ（人形焼《にんぎょうや》き）」という行事《ぎょうじ》で燃《も》やされる伝統《でんとう》がある。

火祭《ひまつ》りは、キリストの父《ちち》で大工《だいく》の神様《かみさま》である守護聖人《しゅごせいじん》サン・ホセの祝日《しゅくじつ》に、大工職人《だいくしょくにん》たちが木《き》くずや古《ふる》い角材《かくざい》を集《あつ》めて燃《も》やしていたのが始《はじ》まりと言《い》われる、中世《ちゅうせい》から続《つづ》くお祭《まつ》りだ。あるとき、火《ひ》に人形《にんぎょう》を投《な》げ込《こ》んだら面白《おもしろ》かったことから、人形《にんぎょう》を燃《も》やす習慣《しゅうかん》ができたらしい。

火祭《ひまつ》りの間《あいだ》は連日連夜《れんじつれんや》バチバチと爆竹《ばくちく》が鳴《な》らされ、騒音《そうおん》や火《ひ》の粉《こ》がすさまじい。

うるさすぎて夜《よる》も寝《ね》られないから、学校《がっこう》はもちろん休《やす》み。炎《ほのお》と爆音《ばくおん》に包《つつ》まれる最終日《さいしゅうび》はまるでゲームの戦場《せんじょう》さながらだ。

スペインのお祭《まつ》り、なんてヤバいんだ！

おわりに

あなたは外国《がいこく》に行《い》ったことがあるだろうか。

「まだない」という方《かた》も、本《ほん》やテレビ番組《ばんぐみ》で外国《がいこく》の様子《ようす》を読《よ》んだり観《み》たりしたことはあるだろう。

この本《ほん》には、筆者《ひっしゃ》がお世話係《せわがかり》をしている世界各国《せかいかっこく》に住《す》んでいる日本人《にほんじん》記者《きしゃ》たちの集《あつ》まり「海外書《かいがいか》き人《びと》クラブ」のメンバーたちから募《つの》った、約《やく》25か国《こく》のお話《はなし》が収録《しゅうろく》されている。

筆者自身《ひっしゃじしん》も1999年《ねん》からオーストラリアという国《くに》に住《す》んでいる。「ああ、コアラとカンガルーの国《くに》だ」と思《おも》われた方《かた》も多《おお》いだろう。実際《じっさい》に住《す》んでみると、コアラとカンガルーの他《ほか》にも、いろいろとおもしろいものや不《ふ》思議《しぎ》なことを見《み》たり聞《き》いたりした。

その中《なか》には「へーっ」とビックリしたこと、「ほほう」と感心《かんしん》したこと、「フフッ」と思《おも》わず笑《わら》っちゃったことだけでなく、逆《ぎゃく》に「ひえーっ」と泣《な》きそうになったことや「はあ？」と怒《おこ》りそうになったこともある。

これを筆者《ひっしゃ》はよく「海外生活《かいがいせいかつ》はハヒフヘホの連続《れんぞく》だ」と表現《ひょうげん》する。

海外生活《かいがいせいかつ》は日本《にほん》の10倍大変《ばいたいへん》だけど、その100倍楽《ばいたの》しいことがある。これは筆者《ひっしゃ》だけではなく、海外《かいがい》に住《す》む多《おお》くの日本人《にほんじん》が感《かん》じていることだと思《おも》う。海外《かいがい》にいると、知《し》らないことにたくさん出《で》くわす。つまりは毎《まい》日《にち》が冒険《ぼうけん》みたいなものなのだから。

この本《ほん》を手《て》に取《と》ってくれたあなたも、ぜひ、外国《がいこく》に行《い》って「海外生活《かいがいせいかつ》のハヒフヘホ」を体験《たいけん》してほしい。

柳沢有紀夫《やなぎさわゆきお》（海外書《かいがいか》き人《びと》クラブお世話係《せわがかり》）

地図《ちず》さくいん

カナダ
P56、P75、P103
アメリカ合衆国《がっしゅうこく》
P16、P75、P91
P103、P133、P170
ブラジル
（ブラジル連邦共和国《れんぽうきょうわこく》）
P174
グアテマラ
（グアテマラ共和国《きょうわこく》）
P75
ペルー
（ペルー共和国《きょうわこく》）
P19、P38
P64、P133
オーストラリア
（オーストラリア連邦《れんぽう》）
P75、P103、P126、P158
アルゼンチン
（アルゼンチン共和国《きょうわこく》）
P53、P75、P103
P165、P178

イギリス
(グレートブリテン及《およ》び北《きた》アイルランド連合王国《れんごうおうこく》)
P27、P33、P68、P130
オランダ
(オランダ王国《おうこく》)
P36、P75、P103
韓国《かんこく》 (大韓民国《だいかんみんこく》)
P75、P114、P141
スウェーデン
(スウェーデン王国《おうこく》)
P75、P103
ネパール
(ネパール連邦民主共和国《れんぽうみんしゅきょうわこく》)
P10、P30、P75、P103
アイルランド
P103
ドイツ
(ドイツ連邦共和国《れんぽうきょうわこく》)
P85、P133
中国《ちゅうごく》 (中華人民共和国《ちゅうかじんみんきょうわこく》)
P144
香港《ホンコン》
P61、P82
P89
スイス
(スイス連邦《れんぽう》)
P103
ルーマニア
P19、P23
P58、P75
スペイン
P50、P64
P155、P182
インド
P136、P168
オーストリア
(オーストリア共和国《きょうわこく》)
P13、P75、P85
P99、P110、P118
アラブ首長国連邦《しゅちょうこくれんぽう》
P7、P42、P44、P47
P50、P75、P103
モロッコ
(モロッコ王国《おうこく》)
P67
カンボジア
(カンボジア王国《おうこく》)
P19、P38
P94、P103
タイ (タイ王国《おうこく》)
P75、P103、P122
インドネシア
(インドネシア共和国《きょうわこく》)
P25、P72、P151、P162
フィリピン
(フィリピン共和国《きょうわこく》)
P144、P147

この本《ほん》に協力《きょうりょく》してくれた記者《きしゃ》・情報《じょうほう》提供者《ていきょうしゃ》のみなさん

記者《きしゃ》

アメリカ合衆国《がっしゅうこく》	ハントシンガー典子《のりこ》
アラブ首長国連邦《しゅちょうこくれんぽう》	アルカッサブ幸子《さちこ》
アルゼンチン	山本夏子《やまもとなつこ》
イギリス&《アンド》スペイン	ボッティング大田朋子《おおたともこ》
インド	パッハー眞理《まり》(P168) 溝内美菜《みぞうちみな》(P136)
インドネシア	さいとうかずみ
オーストラリア	柳沢有紀夫《やなぎさわゆきお》
オーストリア	御影《みかげ》 実《みのる》(P85、P99、118) パッハー眞理《まり》(P13、110)
オランダ	倉田直子《くらたなおこ》
カナダ	バレンタ愛《あい》
カンボジア	青山直子《あおやまなおこ》
韓国《かんこく》	中村恵実子《なかむらえみこ》
タイ	横山忠道《よこやまただみち》
ネパール	宮本《みやもと》ちか子《こ》
フィリピン	岡田孝明《おかだたかあき》
ブラジル	マンゲイラ靖子《やすこ》
香港《ホンコン》	りんみゆき
ルーマニア	石川寛久《いしかわひろひさ》

情報提供者《じょうほうていきょうしゃ》

アメリカ合衆国《がっしゅうこく》	大井美紗子《おおいみさこ》
アイルランド&《アンド》スイス	小島瑞生《こじまみずき》
グアテマラ	草野《くさの》あずき
スウェーデン	サリネンれい子《こ》 中妻美奈子《なかつまみなこ》
スペイン	田川敬子《たがわけいこ》
中国《ちゅうごく》	林《はやし》 由恵《ゆえ》
モロッコ	和田麻弥《わだまや》
ドイツ	町田《まちだ》 文《ふみ》
ペルー	原田慶子《はらだけいこ》

角川つばさ文庫

柳沢有紀夫／著
1964年生まれ。35歳のときに「一度の人生。海外にも住んでみよう」とオーストラリアへ家族で移住。『日本語でどづぞ』（中経の文庫）、『世界ニホン誤博覧会』（新潮文庫）、『値段から世界が見える！』（朝日新書）など著書多数。

海外書き人クラブ／協力
世界各国に住む日本人ライターが集まる組織。2000年に設立され、2018年現在約90ヵ国290名の会員が在籍。『ちゃぐりん』『ジュニアエラ』など小中学生向け雑誌でも、各国の小中学生の様子をレポート。お世話係は柳沢有紀夫。

田伊りょうき／絵
大阪府在住、B型。漫画家・イラストレーター。
主な作品として「パール王国物語 プリンス⇔プリンセス」シリーズ（電子書籍）、「きっぷでＧｏ！」（ポプラポケット文庫）がある。「ルーンファクトリー」などゲームのコミカライズも手がける。

角川《かどかわ》つばさ文庫《ぶんこ》　Dや3-1

ビックリ!! 世界《せかい》の小学生《しょうがくせい》

著《ちょ》　柳沢有紀夫《やなぎさわゆきお》
協力《きょうりょく》　海外《かいがい》書《か》き人《びと》クラブ
絵《え》　田伊《たい》りょうき

2018年9月15日　初版発行

発行者　郡司 聡
発　行　株式会社KADOKAWA
〒102-8177　東京都千代田区富士見 2-13-3
電話　0570-002-301（ナビダイヤル）
印　刷　大日本印刷株式会社
製　本　大日本印刷株式会社
装　丁　ムシカゴグラフィクス

ISBN978-4-04-631824-4　C8230　N.D.C.302　190p　18cm

KADOKAWA　カスタマーサポート
［電話］0570-002-301（土日祝日を除く11時～17時）
［WEB］https://www.kadokawa.co.jp/（「お問い合わせ」へお進みください）
※製造不良品につきましては上記窓口にて承ります。
※記述・収録内容を超えるご質問にはお答えできない場合があります。
※サポートは日本国内に限らせていただきます。

読者のみなさまからのお便りをお待ちしています。下のあて先まで送ってね。
いただいたお便りは、編集部から著者へおわたしいたします。
〒102-8078　東京都千代田区富士見 1-8-19　角川つばさ文庫編集部

角川つばさ文庫発刊のことば

角川グループでは『セーラー服と機関銃』(81)、『時をかける少女』(83・06)、『ぼくらの七日間戦争』(88)、『リング』(98)、『ブレイブ・ストーリー』(06)、『バッテリー』(07)、『DIVE!!』(08)など、角川文庫と映像とのメディアミックスによって、「読書の楽しみ」を提供してきました。

角川文庫創刊60周年を期に、十代の読書体験を調べてみたところ、角川グループの発行するさまざまなジャンルの文庫が、小・中学校でたくさん読まれていることを知りました。

そこで、文庫を読む前のさらに若いみなさんに、スポーツやマンガやゲームと同じように「本を読むこと」を体験してもらいたいと「角川つばさ文庫」をつくりました。

読書は自転車と同じように、最初は少しの練習が必要です。しかし、読んでいく楽しさを知れば、どんな遠くの世界にも自分の速度で出かけることができます。それは、想像力という「つばさ」を手に入れたことにほかなりません。

「角川つばさ文庫」では、読者のみなさんといっしょに成長していける、新しい物語、新しいノンフィクション、角川グループのベストセラー、ライトノベル、ファンタジー、クラシックスなど、はば広いジャンルの物語に出会える「場」を、みなさんとつくっていきたいと考えています。

読んだ人の数だけ生まれる豊かな物語の世界。そこで体験する喜びや悲しみ、くやしさや恐ろしさは、本の世界の出来事ではありますが、みなさんの心を確実にゆさぶり、やがて知となり実となる「種」を残してくれるでしょう。

かつての角川文庫の読者がそうであったように、「角川つばさ文庫」の読者のみなさんが、その「種」から「21世紀のエンタテインメント」をつくっていってくれたなら、こんなにうれしいことはありません。

物語の世界を自分の「つばさ」で自由自在に飛び、自分で未来をきりひらいていってください。

ひらけば、どこへでも。——角川つばさ文庫の願いです。

角川つばさ文庫編集部